原點

東京小路亂撞

張維中

走進東京的骨子裡，撞出東京生活散步人的日常風景

序

舊裡翻新的驚喜

這是一本東京旅遊書或是導遊書呢？對我來說可能都不是。移居東京超過十年的我，寫出這樣的一本書，我想，與其說是介紹東京，不如說是分享我的散步生活。

我喜歡走路。我喜歡的東京，覺得有趣的地方，不一定是在大馬路上，而是大馬路岔進的小巷裡。有時是生活感的小路讓人著迷，有時並不是小路本身，是穿越過小路以後才會撞見的驚喜。

住在東京的人都很會走，很能走。除了環境乾淨路好走以外，東京有許多日常卻充滿魅力的小路，總能讓人在亂晃閒逛中感到心滿意足。

所以若是問我，東京人的Life Style是什麼？最初浮現出我腦海的，大概就是「走路」這件事了。

江戶（東京古稱）最初的開發是從東邊開始。出版《東京，半日慢行》以後我搬了家，搬到都心東側，因此在那之後的日常散步，便多從住家鄰近的銀座幅員而出。這一次挑選的散步路線，分享了我在上一本東京散步書以後的散策新發現。以暱稱為「東東京」的東邊區域為主、西南邊為輔，在迎接東京奧運的前夕，用「回歸起點，再次認識」的角度發掘「舊裡翻新」的東京。

東京有很多地方如銀座、築地、淺草、日本橋等，都是耳熟能詳的地名，但是大家會去的點常常只是大馬路上的觀光景點。希望從這些我所分享的散步路線中，能顛覆大家對這些老地方的既定印象，藉由隨性的小路亂走，重新撞見鍾愛的風情。至於商圈裡注目的店家或新據點，同樣地若也用一種逛下町小路的節奏，而不是只達成購物目的便離開的話，必定在緩走慢看之中，也能逛出不同的趣味。

爲什麼東京總是不膩？跟著我走，你就會明白這些巷弄小路，是讓東京永遠不膩的秘密。在東京小路亂撞中，不管你來過這裡幾回，總還是會感到心裡小鹿亂撞，怦然悸動。

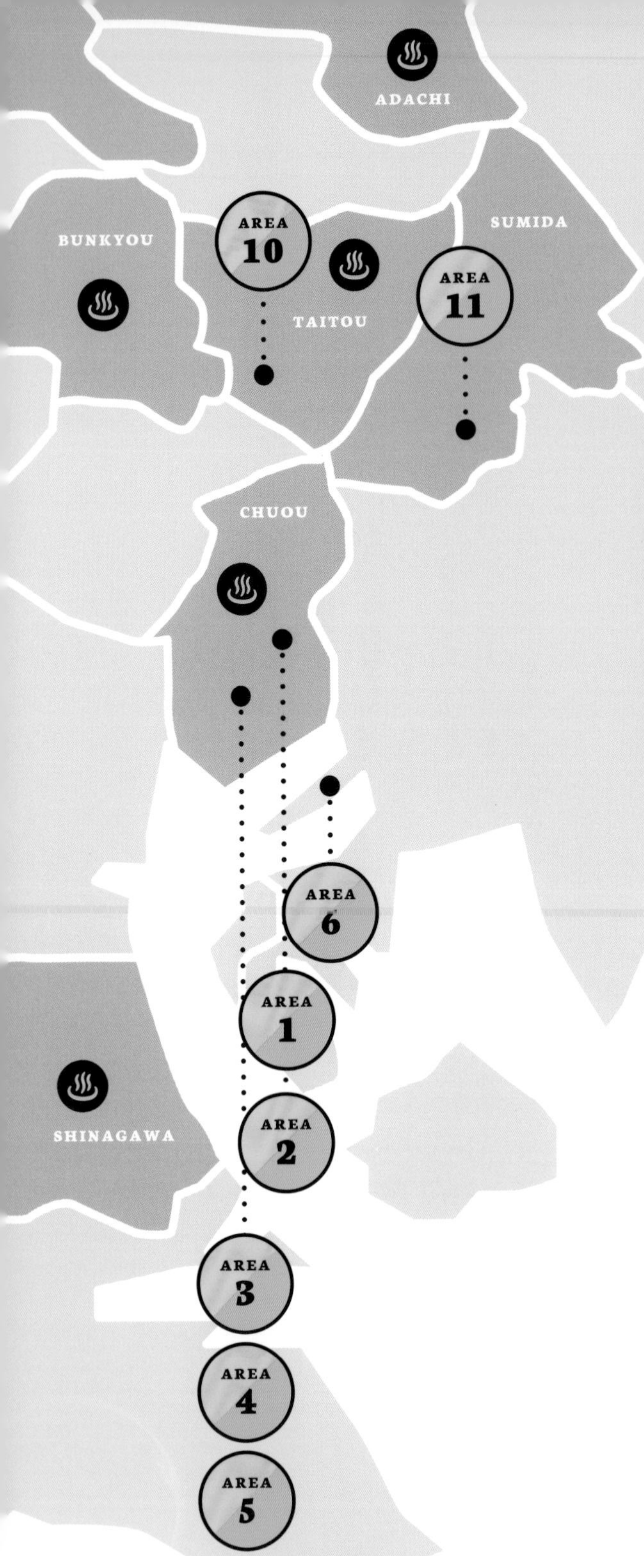
ADACHI
BUNKYOU
AREA 10
TAITOU
SUMIDA
AREA 11
CHUOU
AREA 6
AREA 1
AREA 2
SHINAGAWA
AREA 3
AREA 4
AREA 5

E N T S

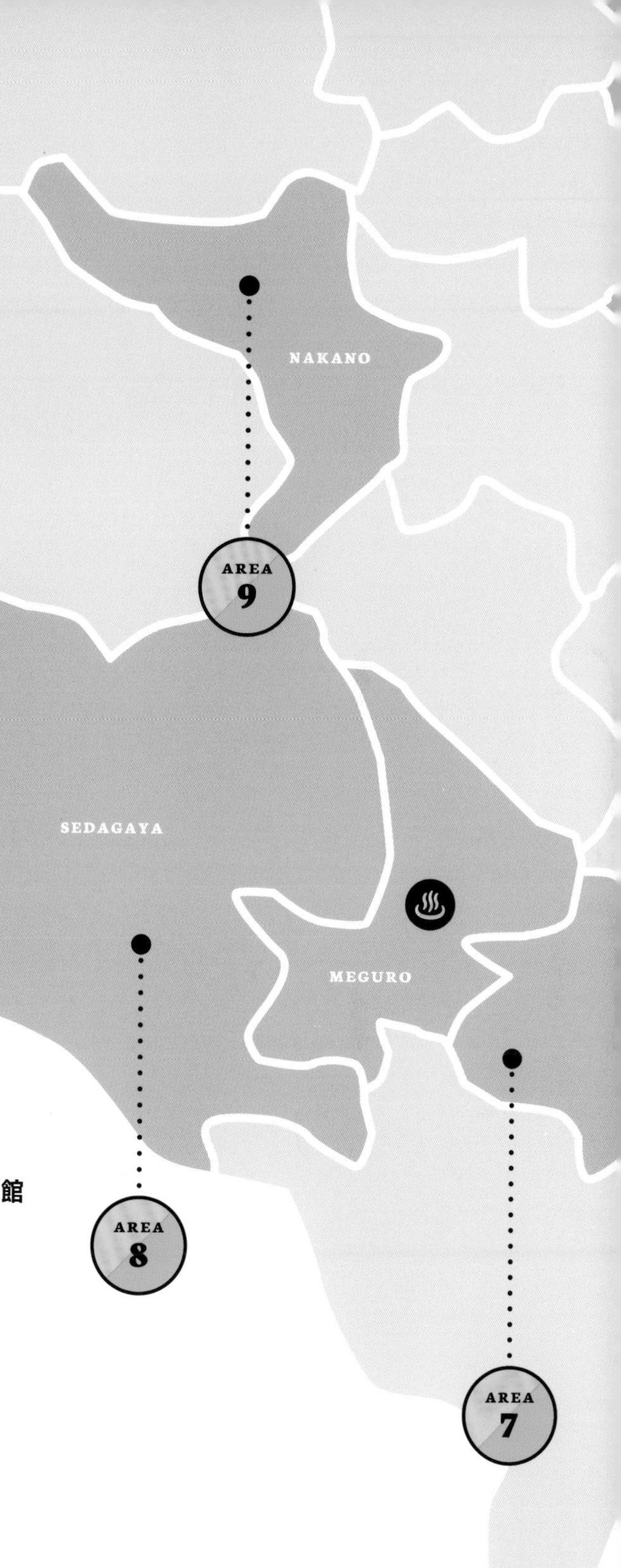

NAKANO
AREA 9
SEDAGAYA
MEGURO
AREA 8
AREA 7

C O N T

走進東京的骨子裡，撞出東京生活散步人的日常風景

室町
三越前
日本橋

日本之路新原點

AREA
1

TOURIST SPOT

三越前站
東京地下鐵銀座線、半藏門線

- A COREDO室町
- B 浮世小路
- C 室町小路
- D BYRON BAY COFFEE
- E 金子半之助
- F 三越百貨本店
- G 千疋屋總本店
- H 日本銀行本店．貨幣博物館
- I 三井本館
- J 日本橋
- K 榮太樓總本舖
- L 丸善書店 MARUZEN CAFE
- M 日本橋高島屋S.C.（Pokémon Center TOKYO DX）

日本橋站
東京地下鐵東西線、銀座線&
都營地下鐵淺草線

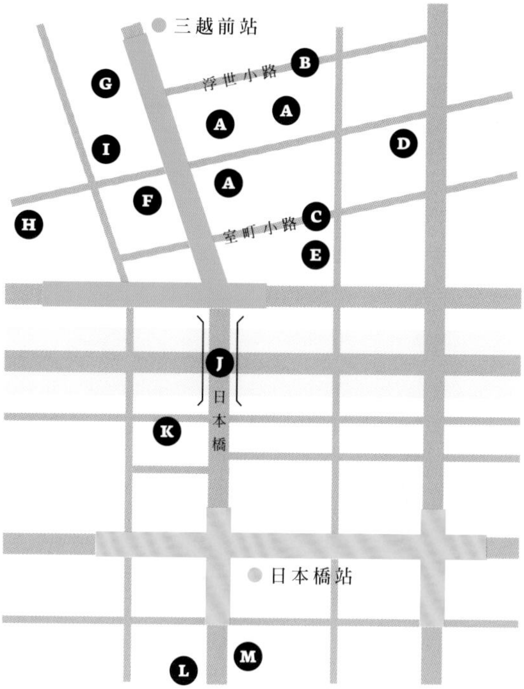

日本道路的起點從此地出發，江戶東京的一切也在此揭開序幕。這裡很有歷史，但是並不老！經典翻新得非常潮！

東京發展的原點，是從江戶時代的日本橋周圍開始的。日本橋給人的印象是留下來的歷史老舖很多，因爲過去這一帶曾爲船舶進出的要地，有著熱絡的商業貿易活動，因此很多知名百貨，當初都是從日本橋創業開始。例如，大家熟知的三越百貨，總本店就在這裡。

這裡雖然開發得早，但後來東京的鬧區漸漸轉往其他區域，日本橋三越前給人的印象，逐漸轉變成金融街與辦公大樓林立，與購物娛樂的連結愈來愈少，一般觀光客也不會把這裡列爲必去之地。

不過，近來這裡脫胎換骨，徹底顚覆了衆人過去對此的印象。日本橋的都市更新計畫重整了「三越前」與「室町」這一帶，以新興的「COREDO室町」百貨爲首，連結著周圍小路內的店家，不僅有潮流的時尚品牌進駐，老店新生的店家也不少，讓人再次對這塊東京的經典之地驚豔，藏著許多好吃又好逛的據點。

A COREDO室町1 2 3：三越前老日本新美學

不是官方的分類，但我個人依照逛街的習慣，喜歡將所謂的「日本橋地區」分爲幾個區塊，包括以下四大區域：

1 室町——地鐵三越前站，包含COREDO室町與周邊小路。

2 三越前——地鐵三越前站，包含三越百貨日本橋本店、三井紀念美術館、貨幣博物館。

3 日本橋——地鐵日本橋站，包含東京車站八重洲口對面到高島屋日本橋店。

4 人形町——地鐵人形町站，包含甘酒橫丁到水天宮。

爲了介紹的方便起見，雖然，三越百貨日本橋店的地址也屬於室町，但在此將之歸爲三越前，至於室町則以商業設施「COREDO室町」與其周邊小路爲主。

「COREDO室町」三棟大樓，是在幾年前，由三井不動產在此地進行都市更新計畫建設而成。除了商業辦公大樓外，「COREDO室町」三棟樓總共進駐約六十八間店鋪。其中包括多達九廳的TOHO電影院，和大家熟悉的無印良品、中川政七商店等商家，皆爲日本橋地區首次進駐的店家。

飲食店則以「by Today～今日新鮮上菜～」爲概念，招攬了許多和洋美食。而在日本橋和人形町的老店，如壽喜燒名店「人形町今半」也在此開設分店。另外，室町巷弄中，近兩年台港旅客熱愛的天婦羅丼飯老店「金子半之助」，在這裡則開了一間以稻庭烏龍麵爲主的天婦羅分店。

既然是開在如此古典的地帶，「COREDO室町」的建築設計也不能相形失色。別出心裁的室內設計，聘請了知名建築師杉本貴志和小坂竜氏共同擔任，以木材和紅磚瓦爲主要素材，打造出古樸典雅又充滿現代感的空間。

以三十歲至四十歲世代的消費者爲目標，日本橋老區域的新生，從COREDO室町開始邁向新階段。

INFO

COREDO室町

ADD　東京都中央區日本橋室町 2-2-1

TIME　商店 10:00-21:00／餐廳 11:00-23:00

1 日本橋，脫胎換骨與國際時尚接軌。（Photo by 三井不動產COREDO室町）

2 「COREDO室町」三棟大樓，除了商辦用途，更進駐許多值得一逛的店家和餐廳。（Photo by三井不動產COREDO室町）

3 「COREDO室町」古樸典雅又充滿現代感的空間。

① 木屋 創業兩百年以上的日本橋職人老店

若要從COREDO室町裡所有的店家中，挑一間最優先該介紹的店家，我會挑選「日本橋．木屋」這間店。

以打製菜刀和刃物起家，現在也製作各種烹飪、生活雜貨道具的日本橋職人老店「木屋」於一七九二年創業，二〇一八年迎接二百二十六週年慶。伴隨著日本橋都更計畫，老店翻新，重新於「室町COREDO」開幕。

在明亮、極簡且充滿穿透感的新空間裡，老店「木屋」承襲職人打鐵技術，製作出一把把精緻的刀刃。這些刀刃不限於廚房用的菜刀和水果刀，包括近年來蔚為風潮的鐵壺、文具用的剪刀、美容用品的小刀、指甲剪或刮鬍刀，也都有製作出品。此外，木製的飯瓢、米桶等生活料理雜貨也頗受青睞。

一間超過兩百多年的老舖，利用新時代的經營思維，在嶄新的購物中心裡占有一席之地，且還能吸引到新一代的年輕人繼續愛用，我想，正是這番認真看待技藝傳承的意味，才總讓日本商業多了一層令人欽羨的文化素養吧。

木屋的長竹筷是我的愛物。

INFO
日本橋木屋
ADD COREDO室町1 1F
WEB www.kiya-hamono.co.jp

② 日本橋觀光諮詢站 & KURO書房

倘若想要用最快的方式，掌握整個日本橋地區的古今現況，那麼請務必移駕到地下樓層的「日本橋案內所：まち日本橋」（觀光諮詢站：MACHI日本橋）。日本橋案內所，應該是我看過東京各觀光資訊站中最用功、最認真的一處。

這裡提供了包括中文在內的三種外語服務，有每個月更新發行的日本橋散步免費情報刊物，以清楚明瞭的地圖標示出日本橋地區值得一去的地方，並告知本月份在這裡的各種祭典活動。資訊站內的牆上，有一張巨大的日本橋區域地圖，關於各個景點的特徵，員工手寫推薦的心得，一張張貼在牆上景點地圖中，增添了幾分日本橋的人情味。

日本橋地區內各個知名老舖所推出的代表性商品，在這裡可以買到，多數還是這裡才能購得的限定商品。這些產品依照著老店名稱一字排開，數百年來江戶商業歷史也就在你的眼前攤展開來。

同樓層隔壁有一間名為「クロー書房」（KURO書房）的小書店，日本橋相關書籍會陳列在店門入口。不如來這裡買本雜誌吧，再回到日本橋案內所內附設的咖啡茶館休息一下。一邊翻閱刊物，一邊品味店內提供的日本橋老舖茶點，脫胎換骨的室町散策，還在等著我們邁開腳步。

日本橋案內所提供了包括中文在內的三種外語服務。

INFO
日本橋案內所：まち日本橋
ADD　COREDO室町1　B1
WEB　www.nihonbashi-tokyo.jp/information_center/

③ 茅乃舍&日本橋だし場 和風高湯的深奧世界

日本橋COREDO室町裡，有兩間以日本高湯聞名的店家「茅乃舍」和「日本橋だし場」，是愛吃日本料理和喜歡烹飪的朋友，再沒時間也應該去一趟的據點。

高湯在日文中稱作「だし／出し」(DASHI)，寫成漢字是「出汁」。這幾年突然有一股方興未艾的日本高湯熱潮，將高湯料理這種原本給人傳統印象的烹飪調味方式，透過有新意、有系統，而且充滿設計感的包裝經營，不僅讓日本人熱愛，也受到外國觀光客矚目。如今，和風高湯的用途範圍不限於日本料理，甚至還擴展到西餐食譜上也能運用。東西相遇，激出絕妙的風味。

「茅乃舍」位於「COREDO室町3」一樓，是九州福岡來的品牌。嚴格說起來，它不算是高湯專賣店，因爲創業於一八九三年(明治二十六年)的茅乃舍，其實是以賣醬油起家的百年老舖，但這幾年廣爲東京人所熟知的，卻是他們家的高湯。茅乃舍的高湯強調不添加任何化學調味料和防腐劑，熬煮高湯而成的原料，全取自於他們親赴產地嚴選的農漁家，皆爲日本國產的安心食材。高湯的種類繁多，若覺得無從選擇，推薦可挑三包標準款試試，分別爲茅乃舍高湯、野菜高湯和煮干高湯。我自己光是用這三款，從火鍋、湯、關東煮甚至炒菜炒飯等，就可以變出很多菜色了。深深覺得高湯眞的是料理懶人跟傻人的救星。不管你烹飪技術如何，反正丟一包進去，煮出來的東西都變得好好吃！

值得一提的是，茅乃舍位於COREDO室町的

茅乃舍位於COREDO室町的店面。

INFO

茅乃舍
ADD COREDO室町3 1F
WEB www.kayanoya.com/dashi/

日本橋だし場& 日本橋だし場はなれ
ADD COREDO室町1&2 1F
WEB www.ninben.co.jp/honten/dashiba/

A 茅乃舍天花板上懸掛釀造醬油的巨大杉木桶。

店面設計，邀請了名建築師隈研吾操刀設計。店內建材使用木頭、竹子、石磚等天然建材交錯而成，甚至還極具巧思的，將醬油工廠裡釀造所用的巨大杉木桶懸掛在天花板上，新穎的空間中不忘傳統要素，在在隱喻著老店新生的時代意義。

另一間在「COREDO室町1」的「日本橋だし場」，稱其為柴魚高湯的專賣店就當之無愧了。因爲這間老店創業時間更久，早在一六九九年（元祿十二年）就在日本橋以販賣柴魚片（鰹魚乾）和各種鹽味乾貨起家，迄今已有三百多年歷史，日本橋地區代表性的品牌。隨著COREDO室町開幕，老店新生。

除了販售高湯、各種調味料的店面以外，跟茅乃舍最大的不同在於這家店可以立即享用到高湯烹飪出來的各種料理。只想淺嘗一下，或時間不多的話，可以選擇在站著吃（立食）的「DASHI BAR」買份熱湯、關東煮或用高湯製作的肉包；如果時間充裕，想坐下來正式吃一餐的話，可以到室町2的餐廳，「日本橋だし場はなれ（NIHONBASHI DASHI BAR HANARE）」用餐。我在這裡吃過茶泡飯套餐，清爽的口感，散發著高湯的香味，特別適合天氣漸漸炎熱起來的午間輕食。

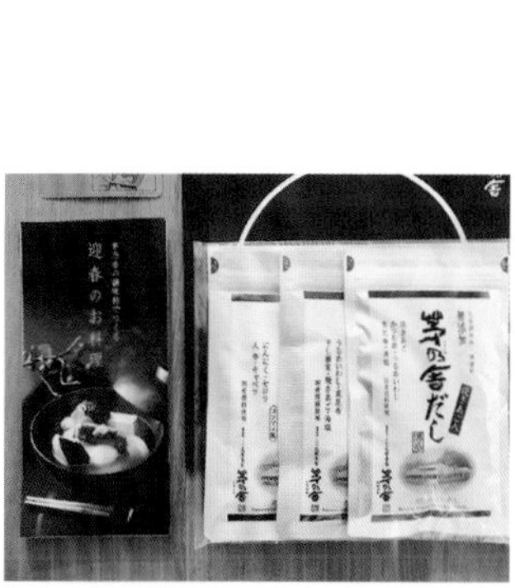

茅乃舍的高湯種類繁多，推薦先試茅乃舍高湯、野菜高湯和煮干高湯。

HANARE的茶泡飯套餐，是理想的午間輕食。

④ 日本橋・芋屋金次郎 超美味炸地瓜專門店

品嘗完日本高湯，是否已從高湯裡領略到和食文化之深奧呢？懂不懂都好，最重要的是無論吃什麼，都該有個美好的收尾才好。鹹口味的收尾，就不免想來份甜點。當然，必須是特別的才行。特別推薦「COREDO室町2」一樓的「日本橋・芋屋金次郎」炸地瓜專門店。

「芋屋金次郎」來自於四國高知縣高岡郡日高村，一九五二年創業的芋頭地瓜菓子店「澀谷食品」。這間企業一年內使用的地瓜與芋頭量高達一萬兩千噸，號稱全日本超市和超商賣的相關產品，有一半都出自於他們家。「芋屋金次郎」賣的則是現炸地瓜條，裹上糖漿以後，口感十分誘人，有點像是拔絲地瓜的炸物版，吃了一根以後就會忍不住一直吃下去。

日本橋店最大的特色，強調使用的油是橄欖油。似乎想訴求健康？不過，橄欖油過熱之後原有的營養素也就破壞了，跟一般的油沒兩樣呀，在我看來有點徒勞吧。但說到底，反正油炸的甜食怎麼樣也不可能健康，總之就是偶爾一吃，別被貪婪擊倒就好。

炸地瓜條裹上糖漿以後，口感十分誘人，像是拔絲地瓜的炸物版。

INFO
日本橋・芋屋金次郎
ADD COREDO室町2 1F
WEB www.imokin.co.jp/nihonbashi

嚴選美食、精品與生活雜貨的COREDO室町。

LITTLE NOTE

EATING
來吃

SHOPPING
來逛

BUYING
來買

COREDO室町
123

—好店老舖大集合—

PART.1 一定要帶走！COREDO室町伴手禮TOP5

中川政七商店
東京毛巾

優質麻布製成的毛巾是店內的招牌商品。東京限定版，送人也合適。

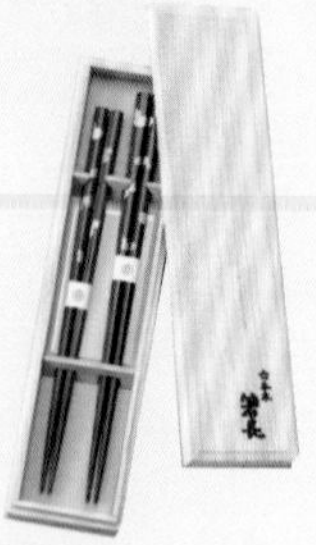

日本橋・箸長
日本竹筷

送日本職人的手工竹筷，不但實用也能傳遞和風文化之美。

鶴屋吉信
京都茶房甜點

來自京都的名店，在東京也能吃到。逛累了就來小歇並品嘗和風甜點吧！

SUSgallery
鈦製職人杯

這間店賣的鈦製杯子人氣鼎盛，價格不便宜但絕對物有所值。保溫保冷的效果都好。

神樂坂
makanai Cosme（護膚美體商品）

神樂坂名店。以各式各樣的保養用品為主，強調天然成份，對肌膚零負擔。

PART.2 一次就弄懂！COREDO室町123

木屋有一面展示牆，常會更替主題展出各項職人商品。

COREDO室町1

以餐廳為主，包含涮涮鍋、居酒屋、拉麵、串燒店、燒肉或定食屋等，也有義大利、泰國和法國料理。特別推薦一樓，許多日本橋當地的百年職人老店都以全新風貌在此開設新店，包括專營手工菜刀和木工藝品的「日本橋．木屋」。另外「日本橋案內所」（觀光諮詢站）設在地下一樓，同樓層還有一間名為「クロー書房」（KURO書房）的小書店。

COREDO室町2

B1以熟食料理、咖啡店和平價的餐飲店家為主，平均價格會比「COREDO室町1」來得親民。不少人熱愛的「金子半之助」在這裡開設分店，但以稻庭烏龍麵為主。1F的「日本橋だし場はなれ」是賣各種高湯的餐廳。現炸甜薯條專門店「日本橋．芋屋金次郎」是到此的必吃日式甜點。來自下町谷中的YANAKA咖啡亦在此展店。2F則是餐廳街。3F～6F是電影院。

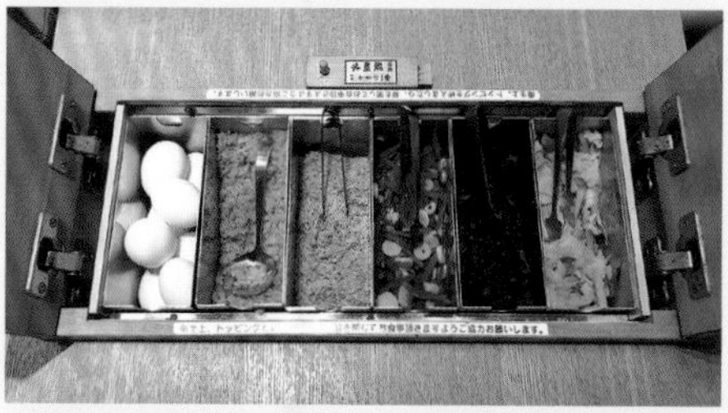

台灣人熱愛的「金子半之助」在COREDO室町以賣稻庭烏龍麵為主。每張桌子都有一個「小門」打開後藏著搭配烏龍麵的各式調味料。

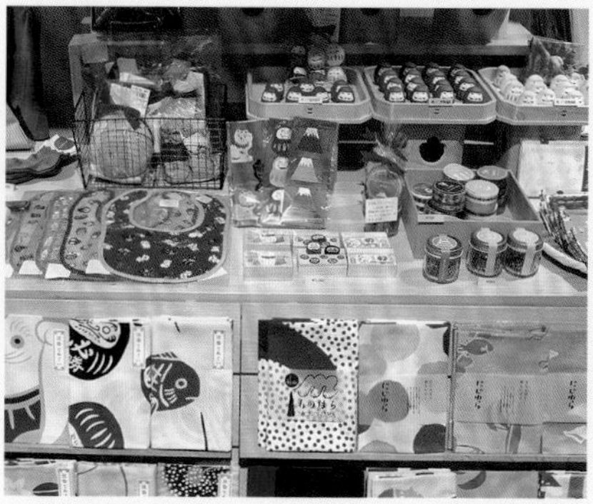

來自奈良的「中川政七商店」，是買和風雜貨的好去處。

COREDO室町3

除了流行服飾、生活雜貨、料理器具之外，值得一提的是，不少各地職人或設計商品，都能在此找到。例如奈良的「中川政七商店」絕對是喜歡日本製和風雜貨的朋友，不可錯過的重要據點。這棟樓還有另外一間我很喜歡的設計商店「CLASKA Gallery & Shop "DO"」也非常出名，同時也有無印良品。一樓則有另外一間高湯店，是我日常愛用的「茅乃舍」。

B

浮世小路：市中心的避靜之地

一般來說，日本除了主要幹道有名稱以外，其他小路都沒有名字，地址是以幾町幾番一連串數字做辨認。不過，在室町這一帶的小路，卻一反常態都取了極為雅緻的路名。以COREDO為中心，主要有浮世小路、江戶櫻通、紫陽花小路、仲通和室町小路這幾條小巷。

其中，浮世小路緊鄰室町COREDO 1、2和YUITO ANNEX大樓之間，平常不會有車子進出，是條讓人感覺舒服的散步道。這條路的名稱，是從江戶時代就流傳下來的。當然從前的風貌，和現在已大為不同。

這裡最大的特徵，就是有一座巨大的紅色鳥居，鳥居後方是「福德神社」。神社旁闢建了一處戶外休息小公園，名為「福德之森」，而在公園內還有另外一間小神社，名為「藥祖神社」。

1 浮世小路最大的特徵——一座巨大的紅色鳥居。

2 在浮世小路旁的江戶櫻通。

3 日本橋小巷內新舊雜陳，散步其間常有意外驚喜，甚至還有不少可愛的小藝廊。

Art Mall
www.artmall.tokyo
K's Gallery

日本橋焼餃子
餃子

① 福德神社 庇佑生意人旅途平安的聖地

福德神社的主祭神是保佑五穀豐收的「宇迦之御魂神」。這座神社看起來很新，但其實神社已在此超過千年，約在唐貞觀年間（西元八五九～八七六年）時創建，始終是這一帶民眾的信仰寄託。神社鎮守日本橋區域，香火鼎盛，甚至連德川家康都曾經來參拜過。現在的神社建築，則是在二〇一四年隨著室町COREDO落成和日本橋街區都更時，一併搬遷至此修建而成。

日本橋從江戶時代開始，就是商業貿易的交通要地，故福德神社很自然的就成爲祈求生意興隆的神社。如今，神社裡受歡迎的御守（護身符）之一，就是保佑生意興隆的「商賣守」。

不過，我要推薦的是另外一款御守，是其他神社較爲少見的「旅守」。旅守顧名思義就是保佑旅途平安的御守，由於從前來到日本橋從事漁獲和貿易的人，多半是搭船而來的，再加上日本橋過去是日本道路（五街道）的起點，福德神社因此也變成庇佑生意人旅途平安的聖地。不少愛旅行的朋友，都會特地到這裡買「旅守」收藏，或者送給經常遠行和出差的朋友。遠道而來且喜歡旅行的你，又豈能錯過？

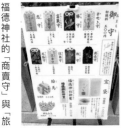

福德神社的「商賣守」與「旅守」，不能錯過。

INFO

福德神社

ADD 東京都中央區日本橋室町2-4-14

TIME 9:00-17:00

WEB mebuki.jp

② 福德之森 城市裡的綠樹廣場

福德之森的庭園設計是由曾操刀設計六本木之丘、東京中城花園的園藝設計師榊原八朗主導。

一旁的公園「福德之森」落成於二〇一六年九月，由曾操刀設計六本木之丘、東京中城花園的園藝設計師榊原八朗主導，種植起一片綠樹廣場。花園內有座椅可供休息，我喜歡到一旁的「谷中咖啡」買杯外帶杯，坐在這片都市綠洲裡偷得浮生半日閑。

如果想要果腹的話，推薦可到公園旁的「門前茶屋・雲母橋」茶屋。這間茶屋以信州美食（長野）爲招牌，除提供當地的茶點外，還可嘗到長野鄉土料理「御焼」（おやき），一種包裹著蔬菜或碎肉末的烤餅，相當美味。

在雲母橋的地下一樓，有一間日本料理結合日本傳統表演的空間，名爲「英遊齋・水戲庵」。水戲庵標榜其爲一間「新感覺劇場型餐廳」，來店客人可以一邊享用晚宴，一邊觀賞日本舞蹈、戲曲等傳統表演，對於外國遊客來說，頗具吸引力。

入夜以後的「福德之森」也頗有看頭。打燈後的花園，浪漫優雅，連散步道上也有碎花投影。這些都是出自於燈光空間藝術家内原智史的概念。他的其他燈光作品還包括了京都的金閣寺與平等院。

「門前茶屋．雲母橋」茶屋以信州美食（長野）為招牌，可嘗到長野鄉土料理。
（右）到「谷中咖啡」買杯外帶杯，坐在這片都市綠洲裡偷得浮生半日閑。

INFO

門前茶屋 雲母橋

ADD 東京都中央區 日本橋室町 2-5-10
TIME 11:00-21:00
WEB mitsui-shopping-park.com/urban/fukutoku/store/1010911.html

英遊齋水戲庵

ADD 東京都中央區 日本橋室町 2-5-10 B1F
TIME 11:30-24:00
WEB https://suigian.jp

③ 藥祖神社 日本第一尊神農氏

園內的「藥祖神社」既然有「藥」這個字，當然就是跟藥品有關了。喔，千萬別誤會，它不是保佑你等下去藥妝店可以買到所有想買的東西。藥祖神社是保佑你身體健康，無病消災的小神社。離開浮世小路前，別忘記也來朝聖一下吧。

不過，藥祖神社裡到底祭祀著誰呢？繞了一個大彎，其實，藥祖神社裡的神明就是我們熟知的嘗百草的神農氏啊。日本第一尊神農氏神像，最初是在中國的明代傳到大阪堺市，之後在日本廣爲流傳。

有了旅途平安的「旅守」，同時又有身體健康的庇護，一路上的旅途，肯定會更順心如意了。

INFO

藥祖神社

ADD 東京都中央區
日本橋室町 2-5-8

WEB www.yakujikyo.or.jp/festival/history.html

藥祖神社裡的神明就是我們熟知的神農氏。

C 室町小路：到老舖感受東京時光

位於三越百貨對面、稱爲「室町小路」的巷子，也是在這一帶散步時不能錯過的地方。

室町小路的入口有一間顯眼的和風建築，是名爲「大和屋」的柴魚片專賣店。以日本料理中熬煮湯汁必備的湯頭聞名，包括柴魚和昆布等食材，是日本橋知名的老舖之一。就算你對他們賣的東西沒興趣，這間店的建築外觀也很值得拍照留念，早已是室町的地標之一。

巷口的另外一間店，是名爲「有便堂」的畫材文具店。創業於大正元年（一九一二年）的有便堂，專賣各種傳統繪畫的畫材和書法相關用具，同時也賣各種和風小物、雜貨、明信片與和紙等文具用品。如果想買一張呈現出日本橋這一帶優雅風情的明信片寄給朋友，那麼請來有便堂選購。

有便堂旁有間Mikado Coffee（ミカド珈琲）咖啡館，創業於一九四八年，是日本第一家引進歐陸吧台式的咖啡館，一樓是站位，喝完就走，因此咖啡價格較便宜；二樓是座位區，同樣一杯咖啡，價格比一樓高。我曾在《東京，半日慢行》一書裡詳細介紹過此店，推薦漂浮冰咖啡，冰淇淋不似一般會用的香草口味，也是用咖啡口味製成的，與咖啡香味一氣呵成。

（上）夜歸人總能在室町小路獲得美食的療癒。
（下）漂浮冰咖啡是Mikado Coffee招牌特色。

(上) 大和屋是室町的地標之一。(下) 如果想買一張呈現出日本橋這一帶優雅風情的明信片，那麼請來有便堂。

INFO

大和屋

ADD 東京都中央區日本橋室町 1-5-1
TIME 10:00-18:00 ／週日假日公休
WEB katsuobushi.net/index.html

有便堂

ADD 東京都中央區日本橋室町 1-6-6
TIME 10:00-18:00 ／週日假日公休
WEB www.nihonbashi-tokyo.jp/enjoy/gem/201112/

Mikado Coffee

ADD 東京都中央區日本橋室町 1-6-7
TIME 週一至週五 7:00-18:30
週六 8:00-18:00
週日及假日 10:00-18:00
WEB mikado-coffee.com

D BYRON BAY COFFEE：咖啡酥派專門店

一間藏在後巷裡的小小咖啡館，是我非常鍾愛的一間小店，名爲「BYRON BAY COFFEE」。BYRON BAY COFFEE所在的建築不太醒目，再加上入口的正門不跟路面同一直線，稍微往後退了一點距離，路人或許容易錯過。但因此發現這間店的人，大概都有種發掘到秘密基地的驚喜。

BYRON BAY COFFEE是專賣酥派的咖啡館，來自澳大利亞的拜倫灣地區。

這是一間專賣酥派的咖啡館，來自澳大利亞的拜倫灣地區，創業於一九八九年。東京的店面是他們海外的首間店舖，也是第二間店。原本在澳洲當地以家族經營的有機咖啡農園起家，後來發展成在地代表性的咖啡店。

我最愛的當然就是該店現烤的酥派。從甜派到鹹派，每天都有各種口味任君選擇。冬天限定的奶油巧達鹹派是我的心頭好。跟澳洲本店一樣，酥派很大一個，午餐吃一個，差不多也就飽了。澳洲拜倫號稱是世界上第三美的海灣，是知名的衝浪勝地。因觀光發達帶動起當地興盛的飲食業，所以BYRON BAY COFFEE賣的酥派何以如此美味，也就不難理解。

一樓是外帶區，二樓有座席，但空間不大，頂多只能坐八個人左右。來到這裡時，我喜歡坐在玻璃窗前的高腳座位，看街景寫稿子，吃酥派配咖啡。在寧靜而溫馨的空間裡，每一秒的流逝，都充滿著生活踏實的軌跡。

冬天限定的奶油巧達鹹派是我的心頭好。

INFO

BYRON BAY COFFEE

ADD 東京都中央區日本橋本町1-5-2

TIME 8:30-19:00

WEB www.byronbaycoffeejapan.com

E 金子半之助：天婦羅丼飯日本橋總店

日本橋室町的金子半之助，是「天婦羅」的代表性名店。天婦羅除了食材重要外，油炸的功力更是關鍵。店家標榜天婦羅丼飯使用的食材，是每天早上從築地採買的新鮮漁獲，包含星鰻、蝦子、半熟雞蛋等，以日幣九百五十圓的價格來說，實在是物美價廉。

日本橋總店提供的菜單很簡單，只有一種，那就是「江戶前天丼」。飯量可選普通或大碗（大碗加一百日幣），可搭配味噌湯（另加一百五十日幣）。入座後，會看到桌上有個小玩意兒，是類似七味粉的調味料。飯跟湯上桌後，可撒一點在飯上提味。提醒你，不是打開上面的塞子，而是抽開下面的小圓木棒，從這裡倒出來。

金子半之助用的碗是印有金子家徽的有田燒瓷碗。雙層加高設計，碗底有一個小洞，用塞子拴起來，目的是讓熱氣灌進去後能在底部加高的空心中循環，保溫碗內的食物。另外碗底還有止滑的設計。

日本橋總店每天早上十一點整開門營業，但如果你十一點才來，恐怕已是大排長龍，所以建議提早一小時前往比較好。如果十一點開始排，大約進場時間會是十一點五十分至十二點左右，也就是會排五十至六十分鐘。十二點才來排的話，時間會更久，大概下午一點十分左右才能進場。萬一碰到假日，排一個半小時也是有可能的，來以前請先有覺悟。

日本橋總店提供的菜單很簡單，只有一種，那就是「江戶前天丼」。

金子半之助用的碗是印有金子家徽的有田燒瓷碗，碗底有保溫設計。

INFO

金子半之助．日本橋總店

ADD 東京都中央區
日本橋室町 1-11-15
TIME 週一至五 11:00-22:00
週末、假日 10:00-21:00
公休日：年尾年初
WEB kaneko-hannosuke.com/

E F

F

三越百貨本店：日本第一間百貨公司

三越百貨的前身是一六七三年創業的「越後屋」吳服店，一九〇四年發表「百貨公司宣言」後，成爲全日本第一間百貨公司，創業地也是總店，就在現址的日本橋店。

三越日本橋本店的最大看頭，應該是其宏偉的洋派大樓。設計師爲橫河民輔，文藝復興建築風格，建造於一九一四年，是當時日本第一個有電扶梯的商業設施。占地廣大，落成時被譽爲是「蘇伊士運河以東最大的建築」，被列爲「東京都廳選定歷史建造物」之一。

氣派的外觀中，仔細觀察每一個細部，都能發現典雅精緻的設計。一樓大廳挑高的中庭設計，大理石階梯，還有中央放置的檜木天女雕像，不但是三越本店跟其他分店迥然不同的特徵，也成爲日後日本百貨業者的指標，正門前設置的銅獅像，是三越百貨的象徵吉祥物，由英國藝術家打造，從一九一四年起就駐守於此。全世界各地的三越百貨，門前設置的銅獅，均以日本橋本店爲本去模造複製。

二〇一六年起投資兩百億日幣的改造計畫，邀請設計東京奧運會主場館的知名建築家隈研吾操刀，在二〇一八年春天第一期改建完成本館一至三樓及新館一至二樓，同時預計二〇二〇年春季完成全館改造。

1

2

3

2

1 邀請知名建築家隈研吾操刀日本橋本店改造計畫。

2 三越日本橋本店外觀為文藝復興風格建築，正門前銅獅下方鑲上了國民詩人谷川俊太郎的詩作。

3 中庭設立的檜木天女雕像。

INFO

三越 日本橋本店

ADD 東京都中央區日本橋室町1-4-1
TIME 10:00-19:30

G 千疋屋總本店：高級水果老商鋪

三井本館旁邊的三十九層高建築屬於三井集團，名爲日本橋三井塔樓大廈，由Cesar Pelli設計，獲得日本建築會大獎。即使是全新的建築，風格上也不忘融合周圍環境，在低樓層部分意識到鄰近的三井本館，有著呼應的協調性。樓上是東方文華酒店，樓下則有一間很重要的水果甜點店「千疋屋總本店」。

創立於一八三四年的千疋屋，是一間專賣高級水果的老字號商舖，現在則以水果甜點專門店聞名。東京有三間不同的千疋屋，分別是日本橋這間「千疋屋總本店」和京橋的「京橋千疋屋」，以及銀座的「銀座千疋屋」。京橋和銀座的千疋屋都是從日本橋本店暖簾分家而設立的獨立公司。千疋屋總本店一樓有咖啡館，二樓則是較爲正式的甜點店和餐廳。該店名物是水果三明治，鬆軟的白土司層夾著豐富的各式水果，口感令人回味無窮。

千疋屋是專賣高級水果的老字號商舖，以水果甜點專門店聞名。

H 日本銀行本店・貨幣博物館：細看百年建築

位於三井本館附近的「日本銀行本店」，是發行日本貨幣的中央銀行，在三越前的這棟龐大建築是本店所在地。建築設計師爲曾經擔任台灣總統府競圖時評審委員的辰野金吾，他的另一項知名作品是東京車站。日本銀行本店是超過一百二十年以上的歷史建築，在一八九六年落成，目前被日本列爲東京遺產五十選。本館旁的南分館二樓，有一間「貨幣博物館」，若對日本乃至於世界貨幣發展的歷史有興趣者，可前往參觀。入場免費。

（上）日本銀行本店。（下）貨幣博物館。

I

三井本館：《半澤直樹》拍攝地

記得轟動一時的日劇《半澤直樹》嗎？戲劇裡男主角的職務地「東京中央銀行本店」雖然是虛構的，不過那幢氣派的建築，現實中的確是存在的。演員們每次行走的室內大階梯，是借用上野「東京國立博物館」的內部攝影，而銀行氣勢傲人的外觀，則是位於三越前室町的「三井本館」，經過CG加工後，成爲令人印象深刻的經典畫面。

三井本館是三井不動產總部，同時有三井住友銀行日本橋分店、三井住友信託銀行日本橋營業部，而七樓則是於二〇〇五年起對外開放的三井紀念美術館，搜集了三井家所收藏的各種藝術品。

三井本館新古典主義樣式的設計，在歐風的氣派中處處可見藝術感的纖細。

一直很喜歡這棟三井本館。因爲鍾情於那建築，新古典主義樣式的設計，在歐風的氣派中處處可見藝術感的纖細。建築的設計者是來自美國的Trowbridge & Livingston建築師事務所，在一九二九年竣工啓用。原址的建築在關東大震災時損毀，因此重建時極度重視耐震度，採用義大利威尼斯大理石爲建材，將近九十年前興建的大樓，號稱比現在的耐震標準還高出兩倍以上。至於是不是眞的呢？嗯，我想，還是不要眞有測試的那一天來到比較好。

INFO

千疋屋總本店
ADD 東京都中央區日本橋室町2-1-2
1F 10:00-19:00
2F 11:00-20:30
WEB www.sembikiya.co.jp

日本銀行本店
ADD 東京都中央區日本橋本石町2-1-1

貨幣博物館
ADD 東京都中央區日本橋本石町1-3-1
（日本銀行分館內）
TIME 9:30-16:00／週一公休
WEB www.imes.boj.or.jp/cm/

三井本館 美術館
ADD 東京都中央區日本橋室町2-1-1
TIME 10:00-16:30／週一公休
WEB www.mitsui-museum.jp

日本橋：日本之路的起點

這一帶最出名的地標，當然就是日本橋這座橋樑了。東京建設的雛形，江戶時代的起始之地，就是以這座橋爲中心擴展出去的。

幕府德川家康在一六〇三年來到江戶（東京舊稱），將全國道路網建設計畫爲五街道，以這裡爲起始基點，因此日本橋這座橋樑，自此被視爲「日本之路」的起點。如今在橋邊可以見到道路網起點的標點紀念，名爲「日本國道路元標」。

第一代日本橋在一六〇三年興建，是木造橋梁。經過多次的火災及重建，如今的日本橋是第十九代，興建於一九一一年，爲花崗岩材質。每一次我來到日本橋，總對橫跨在橋的上方、把日本橋給切分成兩半的高架橋感到非常「邪魔」（日文：受干擾）。原本從橋上可以看到的壯大視野，全都被遮擋住了。這座破壞都市景觀的高架橋是首都快速道路，在半世紀以前建成。當初也有人反對破壞日本橋的天際線，但爲了趕在第一次東京奧運前通車，於是匆促建設而成。這幾年，城市美感的意識愈來愈高，希望將快速道路地下化的提案也歷經多次討論。終於在二〇一八年五月由東京都和國土交通省拍板定案，要將橫跨在日本橋上空這一段的快速道路地下化，全長約一點二公里，預定在二〇二〇年後開始施工。

只是這一帶的地表下已經非常「擁擠」，除了埋有各種電信、水管等管線外，還有地下鐵半藏門線、銀座線、淺草線行駛，因此地下隧道得在這些「障礙物」之間的空隙開挖，最深將距離地表二十公尺，耗資日幣數千億圓。由於工程複雜，施工自然耗時。那麼何時可以完工呢？答案是預計要花上二十年！是的，二〇四〇年。在此之前請好好照顧身體，屆時不如來組團出發，一起去慶祝日本橋奪回天空吧。

日本橋下流淌的是日本橋川，江戶時代從東京灣入港的船隻，經由此條河川駛進日本橋進行貿易和魚貨交易。日本最大的魚貨交易市集「築地市場」的前身，最初其實是在日本橋邊進行的。後來因爲關東大震災損毀，才遷徙到築地。如今，雖然已無貿易船隻，但仍可搭乘觀光用的遊艇，從河川上不同的角度看東京風景，並想像往日的風情。

INFO

日本橋川遊船

WEB ss3.jp/nihonbashi-cruise/
乘船地點 ss3.jp/nihonbashi-cruise/boarding.html

遊船分幾種航程，有的集中在日本橋川，可徹底欣賞到日本橋風情，有的則是會航行到台場。詳細行程請見官方網站。可事前預約，但不接受當日預約。當天若恰逢平日，沒有預約的話其實也可直接去現場，通常都會有位子。到日本橋乘船地點排隊，有空位即可上船。

1 垂櫻替日本橋的入口增添幾抹江戶風情。 **2** 日本橋被視為「日本之路」的起點。但我總對橫跨在橋的上方、把日本橋給切分成兩半的高架橋感到非常「邪魔」。 **3** 你可以漫步日本橋上欣賞青銅麒麟燈座，或乘船遊川觀覽河岸風情。

榮太樓總本舖：東京歷史最久糖果店之一

東京人若說起東京出品的糖果，熟知在地老舖的達人都會知道來自於日本橋的榮太樓。這是一間知名的糖果老舖。一八一八年由細田德兵衛於埼玉縣創立，原名爲「井筒屋」。細田德兵衛的孫子細田安兵衛（幼名榮太樓）在一八五七年，將店址搬遷到東京日本橋，就在如今總本舖現址，自此更改店名成爲「榮太樓」。

雖然現在並非是什麼火熱到不行的流行甜點，不過已是屬於細水長流的存在。倘若你逛進東京的超市、便利商店和藥妝店，仔細瞧瞧販售喉糖的專櫃，多半都能見到榮太樓的喉糖。榮太樓最招牌、最出名的糖，其實不是喉糖，而是創業時即有的梅子糖（梅ぼ志飴）、甘名納糖和黑糖。據說在口紅仍是高級品的明治、大正年間，藝伎和舞伎常會吃紅通通的梅子糖，因爲嘴唇會留下紅紅的印子，看起來就像搽了口紅，因此一時之間成爲東京名產。

從三越百貨日本橋店往日本橋行走，越過橋，來到對岸，也就是靠近東京車站這一側，榮太樓總本舖的日本橋總店就在橋入口的巷子裡。由於遠離了大馬路，也不算是購物鬧區，是故飄散著一股寧靜的氣息。

榮太樓販售的商品裡，除了糖果之外，也有傳統的手工和菓子。我特別喜歡也推薦可作爲伴手禮的，是一款用圓形鐵盒盛裝的糖果，裝的就是招牌的梅子糖、甘名納糖、黑糖或紅茶口味的糖果。糖果罐很漂亮，上面繪製著日本橋或東京車站等東京地標插圖。打開盒蓋的方式也極爲特別。試著先別看盒底說明，考驗自己，看看是否知道如何打開吧！

日本橋總本舖一樓有喫茶店「雪月花」。在日本橋散步走累了，很適合來這裡歇腳。除了餐點以外，和風甜點也很受歡迎。推薦紅豆黑蜜，或是我個人更爲喜歡的，撒上黃豆粉與黑蜜的葛餅。

在東京的舊城區，坐在老派的茶屋裡，往事似乎也更容易湧上心頭。時光經過了我們，生命中，人來人往的歲月，有時雖然苦澀，但請答應我，別失去了發掘甜美的能力。請別那麼快說放棄，至少試著用一粒糖，含在嘴裡，閉起眼，讓它喚起你曾經有過的，甜甜的回憶。

我個人獨鍾雪月花撒上黃豆粉與黑蜜的葛餅。

INFO

榮太樓總本舖日本橋本店（喫茶室雪月花）

ADD 東京都中央區日本橋 1-2-5

TIME 週一至週六 9:30-18:00

公休日：週日、假日

WEB www.eitaro.com/

丸善書店附設的咖啡館，依然能吃到遵循當年古法烹製的紅酒牛肉飯。

L

丸善書店MARUZEN CAFE：到書店吃紅酒牛肉飯

被譽爲日本日常最普遍的國民飯，除了牛丼飯、咖哩飯之外，排行老三的就是紅酒牛肉飯（Hayashi Rice）。

紅酒牛肉飯是「和製洋食」，也就是日本人創造出來的西餐料理。據說紅酒牛肉飯的元祖，最早是從日本橋的「丸善」株式會社開始的。丸善創立於明治二年（西元一八六九年），是東京知名的大書店，在《丸善百年史》當中記載，早在明治初年，丸善就在店裡開始販售燉牛肉飯。因爲創業者姓名爲早矢仕（Hayashi）故以其命名，成爲早矢仕ライス（Hayashi Rice）。

現在在丸善書店附設的咖啡館，依然能吃到遵循當年古法烹製的紅酒牛肉飯。招牌飯當然就是紅酒牛肉飯（早矢仕ライス），而以蛋包飯做成的紅酒牛肉蛋包飯也頗受歡迎。

看過東野圭吾的小說所改編的日劇《流星之絆》嗎？想必會對故事裡不斷登場的紅酒牛肉飯印象深刻。用秘傳食譜調製而成的高湯，加入薄切牛肉片和微量紅酒，經過燉煮，再淋到白飯上，入口後令人回味無窮。只能說日本橋跟東野圭吾眞的難分難捨啊。

INFO

丸善書店MARUZEN Cafe

ADD 東京都中央區日本橋2-3-10 3F

TIME 9:30-20:30

丸善創立於西元一八六九年，是東京知名的大書店。

M 日本橋高島屋S.C.：皮卡丘迷朝聖地

來自大阪的高島屋百貨，在東京的第一間店也發跡於日本橋。一九〇〇年高島屋日本橋店開幕，而現在看見典雅的「本館」建築則是在一九三三年竣工。在本館後方的「東館」進駐了皮卡丘迷必來朝聖的「Pokémon Center TOKYO DX」和「Pokémon Cafe」。

DX區販售口袋怪獸的各式各樣周邊商品，許多只有在這裡才能買到的東京日本橋限定產品，相信都會列入熱中粉絲的必買清單。這裡不必預約也不必買票就可自由進出，不過，一旁的Cafe區用餐則要線上預約才能進去。

高島屋「東館」進駐了皮卡丘迷必來朝聖的「Pokémon Center TOKYO DX」和「Pokémon Cafe」。

Cafe區的餐點當然就是以皮卡丘造型爲賣點，最推薦的是「皮卡丘豪華組合餐」，一次可吃到皮卡丘造型蛋包飯、炸蝦、義大利麵、漢堡肉、薯餅和沙拉。加錢的話，盤子還可以帶回家。基本上這裡的餐就是吃好玩的，不難吃，但也別過度期待。如果不想以「爛尾」收場，那麼請直接跳過甜品和那些怪奇顏色的冰飲。皮卡丘會出場，可以拍照錄影，但不給合照，是一隻表面很會裝可愛，但內心比米老鼠還高傲的老鼠。（是的，別懷疑，皮卡丘是老鼠，是一隻電氣鼠。）

二〇一八年九月底，本館旁又新開一間「新館」，連同原來的本館和東館，合稱爲「日本橋高島屋S.C.（Shopping Center）標榜是「都市型購物中心」，總共約一百一十四間新店舖，爲日本橋的都市更新計畫再推上新一層樓。

中川政七商店在新館四樓，開設「以茶論美」的新型態品牌商店「茶論」，以日本茶爲中心，傳遞和風之美。

INFO

日本橋高島屋S.C.

ADD　東京都中央區日本橋2-4-1
TIME　10:30-19:30（餐廳營業至21:00）
WEB　www.takashimaya.co.jp/nihombashi/

Pokémon Center TOKYO DX

ADD　東京都中央區日本橋2-11-2
日本橋高島屋S.C.東館5樓
TIME　DX 10:30-21:00 ／ Cafe 10:30-22:00
WEB　www.pokemoncenter-online.com/cafe/

Cafe 區的餐點以皮卡丘造型為賣點，最推薦的是「皮卡丘豪華組合餐」。

日本橋
人形町

跟著東野圭吾《新參者》的腳步

AREA 2

TOURIST SPOT

人形町站

東京地下鐵日比谷線＆都營地下鐵淺草線

- A 鐘塔
- B TAMAHIDE（玉ひで）
- C 小春軒
- D 甘酒横丁
- E 重盛永信堂
- F 水天宮
- G 喫茶去・快生軒

水天宮站

東京地下鐵半藏門線

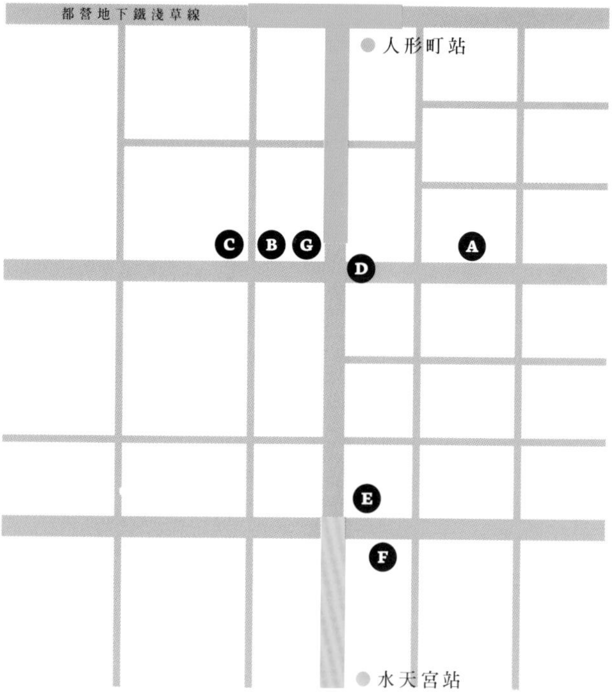

下町美食的最佳佐料是什麼？是回憶。
阿部寬的身影，東野圭吾的小說，
還有向田邦子的秘密，
散布在這充滿人情味的下町。

我的日本朋友們都很驚訝，近年來要是跟喜歡東京的台灣人，一提起日本橋人形町時，大約許多人都會不經脫口而出：「東野圭吾《新參者》！阿部寬！」然後腦海中，就忍不住浮現出那一句冒頭的經典台詞：「謊言是眞相的影子，一旦找到就要踩住不放。」

雖然就算沒有東野圭吾的小說，人形町本身就夠具有歷史傳奇性了，然而回味無窮的小說、經典的人物，再加上故事發生的背景，對於一個地方的行銷，特別是針對外國人，其間接行銷的力量之強大，恐怕是讓許多日本人都難以想像的。

右頁大圖：鐘塔古色古香的造型，已成人形町的地標。人形町大馬路上有兩座高聳的鐘塔，主題分別是江戶滅火和單口相聲，每到固定的時間，就會分別自動啟動小人偶播放表演，訴說人形町的象徵與過往的歷史。

人形町的中心舞台，甘酒橫丁。

A

鐘塔：人形町的人偶記憶

人形町的腹地並不廣，可以將散步的行程規劃在日本橋後。在日本橋吃完午餐，來到人形町走走，再挑間茶店坐坐；或者從午餐就來到這裡，選一間百年老舖用餐，午後散步途經人形燒和鯛魚燒老店時，別忘記買份名物解解饞。

在人形町的大馬路上，應當會注意到有兩座高聳的鐘塔，主題分別是江戶滅火和單口相聲。古色古香的造型，已成人形町的地標。鐘塔設有自動裝置，每到固定的時間，就會分別啓動小人偶播放表演，訴說人形町的象徵與過往的歷史。

由於人形燒老店的出名，再加上《新參者》的推波助瀾，讓很多人都誤以爲人形町地名的由來是因爲這裡是賣人形燒的關係。其實是因爲在德川家康時代，這一帶是江戶起源的商業地，繁華中凝聚出不少娛樂據點。例如，關東最早的歌舞伎表演，就是從人形町開始的。爾後發展成更受到普羅大眾喜愛的人偶劇（人偶的日文即爲人形），這附近便開始聚集許多人偶技師，開了很多人偶店。一時間，這裡便成爲了人偶之鎮，從口耳相傳中有了人形町這地名。

人偶創作大師辻村壽三郎，過去曾在人形町開過一間他長年夢想中的「人形館」，可惜前些年搬遷到了廣島以後，讓現今的人形町更難尋人形蹤影。這也難怪大家會被美味的「人形燒」給喧賓奪主，以爲地名是因人形燒而來的吧。

INFO

人形町鐘塔（人形町計時台）

ADD 東京都中央区日本橋人形町1-17-7
TIME 11:00-19:00（整點報時人形表演）

A

B TAMAHIDE：親子丼的發源地

人形燒固然有名，請先別急著立刻就去買人形燒來吃。中午到訪人形町的話，不妨先從美味的午餐開始吧。無論如何應該嘗嘗看的是「TAMAHIDE」（玉ひで）的親子丼。

軍雞專門店TAMAHIDE由將軍家御鷹匠擔綱，創業於一七六〇年，是一間迄今竟已超過兩百五十六年的老舖。來這間店，一定要在中午。因爲這裡的招牌菜「親子丼」只有在中午才賣。若要問這間店的親子丼有何特色？不說不知道，說出來眞是嚇一跳。原來，這裡就是親子丼的發源店。是的，如今我們所知道，並且會在日本料理中吃到的親子丼飯，原來是在十九世紀，號稱從這間店發明出來的。光是這點特色就足夠了吧！特地來到人形町，豈有不來朝聖一番的道理？

每天中午都有可觀的排隊人潮，午後一點就不再接受排隊，也最好避免週六（週日休息）。想吃的話，建議早上11點半開店前就去排隊。柔潤的半熟蛋液包裹住雞肉，起伏在美味的米飯上，好一片金黃耀眼的華麗景致。入口之際，滑順的蛋汁和彈牙的軍雞，帶著我追溯起經典菜色的原味，也品味著百年風華的人形町。

1

2

INFO

玉ひで（TAMAHIDE）

ADD 東京都中央區日本橋人形町1-17-10

TIME 午餐·親子丼11:30-14:30（L.O.13:30）
中午套餐11:45-13:30
晚餐17:30-22:00（L.O.21:00）
公休日請見官網

WEB www.tamahide.co.jp/

B

1 TAMAHIDE的白牆外觀，在人形町中十分醒目。

2 TAMAHIDE創業於一七六〇年，是一間迄今已超過兩百五十六年的老舖。

3 每天中午都有可觀的排隊人潮，午後一點就不再接受排隊。

4 在日本料理店常見的親子丼飯，號稱是十九世紀從這間店發明出來的。

C 小春軒：東京百年洋食老舖代表

在人形町慢慢逛起來以後，心就愈來愈慌了。不是迷路，而是發現只不過是小小的一條街，卻聚集了太多令人食指大動的美味店舖。每一間都想吃，哪有這麼大的胃呢？人形町只來一次的散步，絕對不夠。

若說TAMAHIDE（玉ひで）的親子丼是人形町的和食必選，那麼往下走幾步路的「小春軒」就是洋食代表了。若在東京想尋找百年洋食老舖，來日本橋和人形町準沒錯。這一帶在百年前由於靠近海口，因對外貿易而繁華，如同銀座一樣，算是東京最早接收到洋風的地帶，西餐洋食餐館的出現，因此也比其他地方來得早。小春軒在人形町的洋食餐館中，是其中歷史最爲悠久的。創立於明治年間尾聲（明治四十五年，西元一九一二年），迄今已超過一世紀。初代的創業者是小島種三郎，店名取自於他姓名中的「小」字，和妻子名字裡的「春」字組合而成「小春軒」。

小春軒店家的外觀看起來十分樸素，因爲緊密得看不見裡面，常讓許多不知道這間店大有來頭的人，誤以爲是價格高昂的日本料理店而卻步。其實小春軒的餐點價格十分平民，預算日幣一千五百圓以內，有的甚至不用一千圓就可飽餐一頓。店裡的裝潢簡簡單單，是日本一般國民食堂的氣氛，雖然有些斑駁昏暗，卻在背後閃爍著跨越時光的驕傲。上了年紀的老闆娘坐鎮外場點餐，讓整個空間瀰漫起一股母愛的家庭餐廳氛圍。

許多洋食餐廳的招牌菜都是蛋包飯，或者是豬排定食，不過小春軒則是以「豬排丼飯（蓋飯）」而聞名。

這裡的豬排丼飯跟別人家的丼飯很不同，光是看到端上桌的外貌時，便會立刻知曉。在豬排上覆蓋的不是蛋液，而是半熟煎蛋，並且還撒上洋蔥、馬鈴薯、紅蘿蔔和豌豆等蔬菜，確實是一般豬排丼飯的少見風景。最後當然不可缺的，就是淋上獨門配方的甘醇醬汁，帶出執著百年的美好風味。

食量大的朋友，可以選擇超大份量的組合餐。菜色包含著炸蝦、炸魚、干貝等可樂餅，一口氣滿足所有洋食餐館裡的經典美味。

餐廳的歷史雖然久，店面感覺也有些老舊，

INFO

小春軒

ADD　東京都中央區日本橋人形町 1-7-9

TIME　週一至週五 11:00-13:45 ／ 17:00-20:00
週日、國定假日公休（週六不定休）

但是百年老店可是很跟得上時代潮流的。通常在日本，這樣的老食堂只接受現金付款，我有點驚訝這裡也接受Apple Pay等電子錢包的付款方式。只是科技產品畢竟對上了年紀的老闆娘還是有些「苦手」（不擅長）吧，每當客人說要用手機付款時，老闆娘就得叫廚房裡的年輕人來幫忙操作機器才行。但這樣的配合也不錯。年輕的一輩負責內場料理與新科技，年長的一輩就打點外場的待客人情。

目前小春軒已傳承到第四代，第五代的家人也開始加入幫忙的行列，今後仍將以受到在地人熱愛的不變好味，溫暖著人形町。

離開小春軒，就在隔壁，忽然吸引我目光的是一塊寫著「谷崎」兩字的看板。直覺立刻想到的，是書寫《細雪》和《春琴抄》的日本文豪谷崎潤一郎，果不其然就在一旁牆上見到了紀念碑。這裡原來是谷崎潤一郎的誕生地。如今在這裡開設的餐廳，取名谷崎，作爲紀念。

1 小春軒的豬排上覆蓋的不是蛋液，是半熟煎蛋，並且還撒上洋蔥、馬鈴薯、紅蘿蔔和豌豆等蔬菜，是一般豬排丼飯的少見風景。

2 小春軒是人形町歷史最悠久的洋食餐館。店址旁的餐廳取名谷崎，以此紀念谷崎潤一郎。

3 書寫《細雪》和《春琴抄》的日本文豪谷崎潤一郎在此誕生，一旁牆上立有紀念碑。

D

甘酒橫丁：人形町的下町風味

回首，步伐拉回十字路口，過了馬路往下走，這條街其實才是人形町的中心舞台，甘酒橫丁。別說我散步帶路老是只顧著吃，因爲這裡連路名都以飲食爲題，便可知不吃不行。

① 雙葉豆腐店 甘酒配炸豆腐

明治初年，甘酒橫丁入口曾有間叫尾張屋的人氣甘酒店，故得此名。如今尾張屋已不在，所幸還能在「雙葉」豆腐店（とうふの双葉）中懷想美味。

甘酒有如我們熟知的甜酒釀，但酒味淡，不勝酒力的人也適合嘗嘗。不過雙葉畢竟本行是賣豆腐的，建議喝甘酒之際，也買塊炸豆腐來搭配。銀杏油豆腐（銀杏がんも）是本店名物，裡面包了五、六粒的銀杏，若跟我一樣覺得需要預防健忘的話，這玩意兒感覺會相當補腦。

1 銀杏油豆腐是雙葉名物。

2 雙葉本是間豆腐老舖。

3 甘酒有如我們熟知的甜酒釀，但酒味淡，不勝酒力的人也適合嘗嘗。

INFO

雙葉（とうふの双葉）

ADD 東京都中央區日本橋人形町 2-4-9

TIME 週一至週六 7:00-19:00，週日 10:00-18:00
無公休

WEB www.tofunofutaba.com/futaba.html

② 新川屋・佐佐木酒店

販售各式日本酒

這條小路上，販售甘酒的另一間名店是「新川屋・佐佐木酒店」。佐佐木酒店創業於一九一五年，以販售各式日本酒爲主，許多店裡找不到的特別酒款，這裡都有可能尋獲。喜歡喝日本酒的朋友，不妨去逛逛。

INFO

新川屋・佐佐木酒店

ADD 東京都中央區日本橋人形町 2-20-3
TIME 平日 9:00-23:30，週六 9:00-20:00，週日 12:00-18:30
WEB www.sasas.jp

許多店裡找不到的特別日本酒，
佐佐木商店都有可能尋獲。

③ 森乃園

出品「焙茶」而聞名的老店

在「雙葉」豆腐店的隔壁，有一間名爲「森乃園」的茶莊，可謂是有著「甘酒橫丁玄關」的重要地位。如果你是搭乘地鐵日比谷線從A1出口出來，還未走到地面以前，就已經會被森乃園傳來的濃郁茶香味給深深吸引。

一九一四年（大正三年）創業的森乃園，是以出品「焙茶」而聞名的老店，號稱一百年來，幾乎每天都在店門口烘焙茶葉，陪伴過往行人。除了在一樓販賣茶葉以外，二樓設有喫茶店，可享用以焙茶做成的各式甜點，如焙茶芭菲、霜淇淋和焙茶銅鑼燒都是人氣商品。當然，紅豆蜜與用上宇治抹茶的日式甜品也頗受好評。七月到九月夏天季節，還會供應以日光天然冰製成的刨冰。除了招牌的焙茶刨冰外，甘酒刨冰更是一絕。有推嬰兒車的家人，可再往前走幾步前往位於一樓的二號館，免去抬嬰兒車上樓的困擾。

二樓設有喫茶店，可享用焙茶做成的各式甜點，如焙茶芭菲、霜淇淋，紅豆蜜與用上宇治抹茶的日式甜品也頗受好評。

「森乃園」茶莊，有著「甘酒橫丁玄關」的重要地位。幾乎每天都在店門口烘焙茶葉，陪伴過往行人。

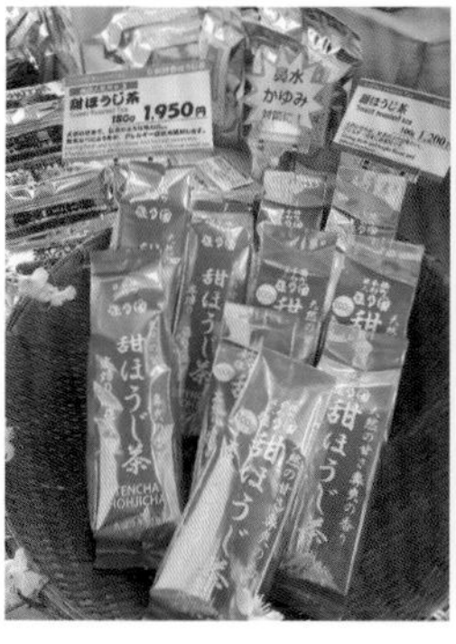

INFO

森乃園

ADD 東京都中央區
日本橋人形町2-4-9

TIME 一樓9:00-19:00
（週六日及假日
11:00-18:00）
二樓12：00-17：00
（週六日及假日
11:30-17:00）

WEB morinoen.jp

④ 人形町・今半
外帶壽喜燒可樂餅

岔進甘酒橫丁裡的一條小巷，會看見兩幢古風洋溢的赤色日式老屋，這裡是另一間人形町名店「人形町・今半」。可能有人會在淺草也見過「今半」這間店，其實這兩間店都是今半暖簾分家的老店。

「人形町・今半」有三間店，一間是專吃黑毛和牛的壽喜燒名店，價格不斐；另一間是精肉店；還有一間則是專賣外帶熟食的小菜店。

若能踏進店裡吃一頓高級的黑毛和牛壽喜燒當然很棒，但若預算有限，也可前往外帶熟食的店舖買塊「壽喜燒可樂餅」嘗嘗，也是人形町的美食之一。

INFO

人形町・今半（惣菜本店／熟食小菜）
ADD 東京都中央區日本橋人形町2-10-3
TIME 10:00-19:00

精肉店
ADD 東京都中央區日本橋人形町2-9-12
TIME 10:00-19:00

壽喜燒店
ADD 東京都中央區日本橋人形町2-9-12
TIME 11:00-22:00
15:00-17:00休息
WEB www.imahan.com/

1 此間今半專吃高級黑毛和牛的壽喜燒。
2 另一間今半是精肉店；還有一間則是專賣外帶熟食的小菜店。
3 可前往外帶熟食的店舖買塊「壽喜燒可樂餅」嘗嘗。

⑤ 柳屋 甘美的現烤鯛魚燒

如果鹹味已吃太多，這時候想來點甘味，那麼就請到對面的鯛魚燒名店「柳屋」吧！

別擔心找不到柳屋，因爲只要看到有長長人龍在排隊的店家，那就是了。本來就因爲使用北海道高級紅豆而聞名的柳屋鯛魚燒，前些年在日劇《新參者》中不斷出現以後，從此更是人氣不絕。週末的排隊人潮很驚人，建議平日午後去買，大概排個五、六個人就能吃到。

排隊令人不耐煩？在柳屋排隊時，我卻覺得異常欣喜。因爲現烤鯛魚燒的香味盈滿整間店舖，迫不及待的盼望，早已化解等候的枯燥。注視著門口的職人，熟練地翻轉著烤架，蹦出酥脆的小魚，每一條都包裹著甘美滋味，皆是喜氣的好運。

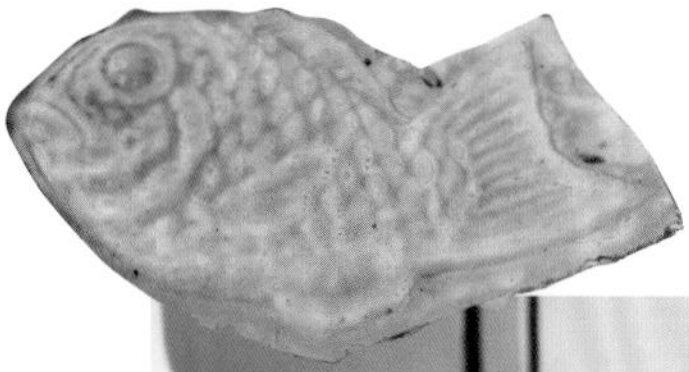

門口的職人，熟練地翻轉著烤架，蹦出酥脆的小魚，每一條都包裹著甘美滋味，皆是喜氣的好運。

柳屋前些年在日劇《新參者》中不斷出現以後，從此更是人氣不絕。

INFO

柳屋

ADD 東京都中央區日本橋人形町 2-11-3

TIME 週一至週六 12:30-18:00

週日，國定假日公休

⑥ 草加屋
備長炭燒烤出來的煎餅

再往下走會遇見一間專賣煎餅的「草加屋」，這裡同樣也是《新參者》的場景。第一集〈煎餅屋的女兒〉就是借此店作爲拍攝舞台。如今在店門口仍能見到張貼著日劇海報，吸引路人駐足探看。

不如來一塊手工煎餅吧！使用備長炭燒烤出來的煎餅，似乎將米和醬油的香味都逼得更出來了。脆薄的每一口，小說家的故事又開始在我腦海中盤旋。

明明是虛構的情節，但其中的人間情感卻不騙人，讓眞實的美味更感優雅，更覺悠長。

INFO

草加屋

ADD 東京都中央區
日本橋人形町 2-20-5
TIME 週二至週五 10:00-18:00
週六及假日 10:00-17:00
週日、週一公休
WEB www.soukaya.tokyo

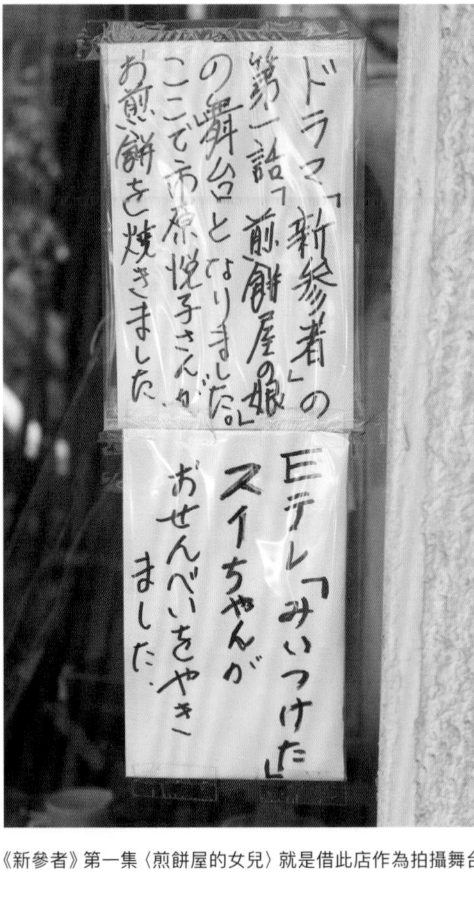

《新參者》第一集〈煎餅屋的女兒〉就是借此店作為拍攝舞台。如今在店門口仍能見到張貼著日劇海報。

⑦ 戶田屋商店 木製生活商品

甘酒橫丁上，在柳屋鯛魚燒店旁有一間雜貨屋始終很引我注目。這間叫做「戶田屋商店」的雜貨屋，以販售各種竹藤編製的木製生活商品爲主，有點像是會出現在迪化街的店面，出現在人形町上，令人遙想江戶時代的工藝日用品或許多半如此。

有趣的是，注意店招牌會看見店名旁還標注著一行「赤岡影視企劃戶田商店」的字樣，只是從外觀看來怎麼樣也很難跟影視扯上關係。

店門雖然敞開，但很少見到老闆。有日本網友曾說，第一次上門想買東西時，叫人無回應只好放棄。第二次上門時，看見有位微笑的老婆婆坐在門口，於是就拿了商品並付錢離去，回家後愈想愈怪，才覺得那個人可能根本不是老闆娘。此後，當他又去人形町經過戶田屋商店時，就再也沒見過那老婆婆的身影。這麼玄的一間店，可出現在東野圭吾的人形町又變得理所當然了。到底眞相爲何？看來必須有請加賀恭一郎來了解一下才行。

「戶田屋商店」以販售各種竹藤編製的木製生活商品為主，有點像是會出現在迪化街的店面，出現在人形町上，令人遙想江戶時代的工藝日用品或許多半如此。

INFO

戶田屋商店

ADD 東京都中央區日本橋人形町2-11-4
TIME 週一至週五10:00-19:00
週六12:00-16:00
週日、國定假日公休

E

重盛永信堂：人形燒老舖

雖然人形町地名的由來，並非來自於人形燒，不過如今來到這裡，到訪老舖買盒人形燒嘗嘗，彷彿已在標準散步路線之中。

這一帶賣人形燒的店家不少，然而最知名的仍屬創業於一九一七年（大正六年）的「重盛永信堂」。因爲是老舖，慕名而來的遊客眾多，或許名聲遂水漲船高，比起其他店家來說，每一塊人形燒的單價也貴了不少。但抱著既然都已來到，紀念性一般的買來吃吃也無妨吧。內餡使用大量的紅豆泥、餅皮打進蛋黃烘烤而成的人形燒，確實香濃可口。不過對我來說，飽滿過度的甜味，吃一個就已感上限。

日本女作家向田邦子特別偏愛這家店賣的煎餅。

大多數人到重盛永信堂都是指名買人形燒。不過，有一個女人卻更偏愛這家店賣的煎餅。那個人是我喜歡的日本作家，向田邦子。

向田邦子在世時，曾寫過一篇走訪人形町的短文，後來收錄在《女人的食指》這本散文集中。她寫道，都說來到人形町的水天宮參拜以後的下一站，就是順路會到對面的重盛永信堂買一種「贅沢煎餅」。一般的煎餅都是硬度較高的鹽味餅乾，但這裡的煎餅則是口感較軟，帶著雞蛋甜味的滋味。口文中的「贅沢」就是奢華之意，向田邦子推測，大概是過去少有巧克力和生奶油之類的零嘴，所以對當時的人來說，這樣的口感就足以讓人感覺奢華了吧。

幸福與奢華，人對於滿足感的標準，隨著時代的不同，刺激的迴異，也是會改變的吧。不過只要是美食，相信入口時的感動，仍會是一致的。

INFO

重盛永信堂

ADD 東京都中央區日本橋人形町2-1-1

TIME 週一至週五9:00-20:00，週六9:00-18:00
週日、國定假日公休

WEB www.shigemori-eishindo.co.jp

F

水天宮：懷孕安胎的能量之地

所有祈求懷孕安胎的人都會到河童像前，舀一瓢水，為他淨身，一種象徵帶來好運的儀式。

1.3 進進出出水天宮的人們，即使一臉無語，也都彷彿能聽見每個人對於喚起新生的悠長吶喊。
2 這座神社是祈求懷孕、安胎的能量之地。

INFO

水天宮
ADD 東京都中央區日本橋蛎殼町 2-4-1
TIME 7:00-18:00
WEB www.suitengu.or.jp

重盛永信堂對面的「水天宮」，作爲人形町最重要的地標象徵，該是當之無愧的。很多人也是從小說、日劇《新參者》中得知這座神社是祈求懷孕、安胎的能量之地。無論是祈求自身的懷孕順利，或者爲懷孕的友人求得護身符，這裡進進出出的人們，即使一臉無語，也都彷彿能聽見每個人對於喚起新生的悠長吶喊。

水天宮在過去數年因進行重建工程而搬到臨時地址，二〇一五年四月初於原址落成，重新開放參拜。新宮屏棄過去舊殿的紅黑色調，改以檜木色與深褐色調而成，視覺明亮，也更具新時代的設計感。比較有趣的是，雖然是間安胎的神社，但水天宮不是建在一樓平地，爬上社殿的階梯有點陡長，懷孕的人可得特別小心。或者也可解釋爲一種安產的運動？

境內的安產河童像非常可愛，所有祈求懷孕安胎的人都會到河童像前，舀一瓢水，爲他淨身，一種象徵帶來好運的儀式。

仔細觀看河童像，他身上背著好幾隻調皮不安份的小河童，還能保持苦中作樂的笑顏，眞不簡單。大概也是給未來希望爲人父母的祈願者提醒，得做好一點心理準備的預告片吧。

3

G 喫茶去・快生軒：向田邦子難忘的滋味

人形町散步的終點，最後就以咖啡館「喫茶去・快生軒」作爲完美的句點吧。

一九一九年（大正八年）創業的快生軒，從裝潢到進出的客人氣質，都散發出一股高雅的氣氛。換作今日時興的語言來說，就是一間懷舊的老派咖啡館了。雖然歷史悠久，但內部應該重新裝潢過，比起一般喫茶店來說，採光更爲明亮。

快生軒也是向田邦子的愛店。據說過去有段時間，她經常窩在這裡閱讀或者撰寫劇本。除香醇的咖啡外，她最愛吃這裡的橘皮果醬烤吐司。所以當我來到這裡朝聖時，當然也沒有錯過點一份來嘗嘗了。

人形町散步的終點，最後就以咖啡館「喫茶去・快生軒」作為完美的句點吧。

烤吐司會有多好吃呢？老實說，本來並不抱太大期望的。但是，當我咬下第一口之後，就終於明白愛好美食的向田邦子何以對此難以忘懷了。用的吐司是來自於淺草麵包老店Pelican（ペリカン），軟硬適中，烤得酥脆的外皮，抹上薄薄一層奶油，再淋上提味的橘皮果醬，口感十足優雅。若說原本疲憊的身心，被此再度激起創作的靈感，我也是相信的。

快生軒四代目經營者佐藤太亮說：「倒不是要冥頑不靈地堅守舊東西，一切就是順其自然而已。」大概在這個理念下，原本咖啡館只賣咖啡和吐司，不提供其他餐點，後來因爲客人的希望，也就順水推舟增加了愈來愈多的菜單。

自家烘焙豆子的綜合咖啡，五十年來都有著獨家的混豆配方。每天在附近的姊妹店烘好咖啡豆以後，再運到快生軒來，提供新鮮美味的咖啡。

歲月累積了人形町的故事，我們在文字或口耳相傳中聆聽，彷彿愈來愈遙遠了，所幸這些老舖存留的美味，讓彼此又活在同一個時空。

INFO
喫茶去・快生軒
ADD 東京都中央區日本橋人形町1-17-9
TIME 週一至週五7:00-19:00，週六8:00-15:00
週日，國定假日，有夏季公休
WEB www.facebook.com/kissako.kaiseiken

1 據說，向田邦子經常窩在這裡閱讀或者撰寫劇本。除香醇的咖啡外，她最愛吃這裡的橘皮果醬烤吐司。
2 快生軒四代目經營者佐藤太亮說：「倒不是要冥頑不靈地堅守舊東西，一切就是順其自然而已。」

築地

新富町

東銀座

發現築地的「裏銀座」表情

AREA 3

TOURIST SPOT

● 築地站　地下鐵日比谷線

- A　築地咖啡小路
  - 1　LIVE COFFEE
  - 2　Turret Coffee
  - 3　煉瓦
  - 4　米本咖啡
- B　築地本願寺咖啡
- C　築地木村家

● 新富町站　地下鐵有樂町線

- D　新富町至八丁堀「裏銀座」小路
  - 1　築地川公園　2　2F Coffee
  - 3　FUKURO關東煮
  - 4　煉瓦亭・新富本店
  - 5　森岡書店

● 東銀座站　地下鐵日比谷線

- E　歌舞伎座
- F　東銀座後巷小路
  - 1　YOU　2　American
  - 3　谷中咖啡店　4　cafe 634
  - 5　Magazine House

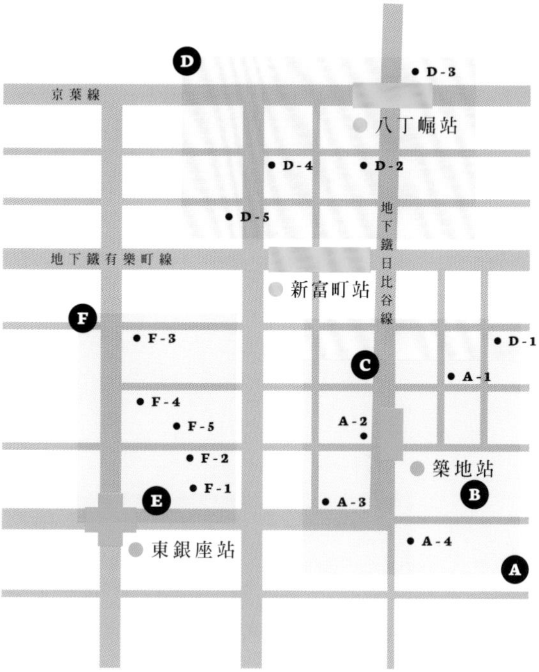

失去場內市場的築地還剩下什麼？
卸下光環，
卻也是展現素顏之美的時機。
這裡原來是咖啡新聖地、
老派喫茶店風情，
甚至是在地人才知道的賞櫻勝地?!

對於築地，總覺得多年來市場的名聲過於響亮，以至於光芒覆蓋掉這地方的其他部分，以至於好像很多人都會說：「不吃生魚片，那就不去築地了！」其實，築地除了生鮮漁產和乾貨以外，還有其他的特色也不容小覷。

隨著築地場內市場搬遷到豐洲新市場，我們終於該仔細瞧瞧這一帶除了海鮮以外，還有什麼原來也在靜悄悄的滋生著。這一次的築地散步，不去市場吃海鮮，我們要看見築地身在「裏銀座」的另一種表情。

築地的範圍可以擴大到鄰近的新富町和東銀座。三個地鐵站，看似三個地方，其實卻是一氣呵成，近來被暱稱爲「裏銀座」，在小巷裡藏著許多觀光客尚不熟悉，更能體驗在地人日常生活的區域。

A 築地咖啡小路

說到築地，我現在最先想到的已經不是生魚片，而是咖啡店。

咖啡店？沒有搞錯嗎？到築地不就該是找各個海鮮老舖，大啖新鮮的魚貨美味嗎？哪有什麼特色的咖啡場域呢？也許有人會這麼說。

事實上，「裏銀座」這一帶的巷弄之間，隱藏著不少咖啡店。不同店家，各自擁有迥異的特色與品目，將築地逐漸塑造成一塊咖啡饕客的新聖地。

其中不乏知名全國連鎖店，也有僅一兩間分店的自家烘焙手沖咖啡館，當然更有特色的是社區型咖啡小店，以及懷舊風情的喫茶店。

到築地吃海鮮？不，喝咖啡！

LIVE COFFEE築地店能坐在店裡享用咖啡。

① LIVE COFFEE 咖啡香帶著職人的溫度

我最常去的一間，是位於築地三丁目的「LIVE COFFEE」。這間咖啡館算是小型連鎖店，目前共有五間店舖。在一九五五年創業，迄今已逾六十年。LIVE COFFEE的總店位於月島的文字燒商店街，不過，月島店只提供自家烘焙咖啡豆的販售，無法在店內享用咖啡。

其餘有提供店內飲用的分店中，我覺得一九八五年開店的築地店，氣氛是最討我喜歡的。從外觀到內部裝潢，簡單俐落，咖啡就是唯一的主角。在黃色調燈光的烘托下，咖啡豆散發出來的香氣，彷彿也帶著職人的溫度。小小的空間中，流轉著每天經過此地，非得坐下喝一杯才算開啓一日生活的常客。

從外觀到內部裝潢，簡單俐落，咖啡就是唯一的主角。

INFO

LIVE COFFEE

ADD　東京都中央區築地3-5-13
TIME　平日～週六7:00-20:00 ／假日8:00-18:00
週日公休
WEB　www.live-coffee.com/index.html

店內擺了一台搬貨台車，載貨處鋪上榻榻米，仔細一看，原來咖啡店的LOGO來自於此。

② Turret Coffee

氣氛近乎「第三波」精品咖啡

另一間值得注目的小咖啡店，是在築地本願寺斜對面巷弄裡的「Turret Coffee」。Turret Coffee是個人經營的咖啡店，整個氣氛接近於近年來所謂的「第三波」精品咖啡。店老闆川崎清在開店以前，曾經向澀谷知名咖啡店「STREAMER COFFEE COMPANY」裡世界級知名的澤田洋史拜師學藝，並曾在六本木DOWNSTAIRS COFFEE工作累積經驗，終於在二〇一三年創業，成立Turret Coffee。

這間店主打拉花拿鐵，搭配店裡的蜂蜜蛋糕與銅鑼燒，口感意外的合拍。店內擺了一台很大的搬貨台車，載貨處鋪上榻榻米，變成了座位，頗富創意。仔細一看，原來咖啡店的LOGO就是自此而來的呀！

「Turret Coffee」位於築地本願寺斜對面巷弄裡。

INFO

Turret Coffee

ADD 東京都中央區築地2-12-6
TIME 平日、週六7:00-18:00
週日、假日12:00-18:00 ／不定休
WEB metropolisjapan.com/turret-coffee/

「Turret Coffee」主打拉花拿鐵

A

SK東銀座ビル
Turret COFFEE
OPEN TIME
WELCOME
TO THE BEST
OUTRAGEOUS
COFFEE SHOP
IN JAPAN.

③ 煉瓦・喫茶店 流淌著古典優雅的氣質

令人意外的在築地這一帶的小巷內，有不少風情懷舊的老派咖啡館，也就是日文裡所謂的喫茶店。非常喜歡這間藏在築地本願寺對面小路裡的「煉瓦」喫茶店（喫茶店レンガ），外觀就如同店名「煉瓦」（紅磚）一樣，是幢茶色紅磚的樓房，在交角矗立著，只要走進這條巷子裡，很難不注意到它的存在。

一九八三年開業的「煉瓦」其實不算老店，但店裡的氣氛卻相當老派，流淌著一份古典優雅的氣質。若到築地市場逛，離開時，累了，推薦可來這裡喝杯咖啡小歇一番。

不過，只來這裡喝飲料有點可惜，因爲「煉瓦」最爲喫茶店老饕所熟知的，是他們家的現烤三明治「ホットサンド」（HOT SANDWICH）。吐司烤得酥脆，硬度和乾濕都完美得恰到好處。夾層的餡料新鮮美味，可選擇要火腿或鮪魚等配料，而無論哪一種，煎蛋都不會缺席。軟綿綿的半熟蛋，存在於這份三明治裡實在太搶戲，一口咬下，我想你就會決定下次到訪築地時，這裡將是絕對的重返之地。

INFO

煉瓦（レンガ）

ADD 東京都中央區築地2-15-15

TIME 週一～週五10:00-18:00
每月第一＆三週六11:00-14:00
每月第二＆四週六、日、假日公休

「煉瓦」最為喫茶店老饕所熟知的，是他們家的現烤三明治「ホットサンド」（HOT SANDWICHI）。

④ 米本咖啡

為往來築地的人們提供優質卻便宜的咖啡

築地場外市場有間名爲「米本咖啡」的咖啡店。逛築地場外市場時，或許曾有人注意過這間咖啡店。因爲，在一叢壽司店、料理器具和魚貨商店之間，突然岔出一間咖啡館，而且還人來人往的，有點突兀，卻實屬搶眼。

米本咖啡的前身，其實是一個麵包店。

米本咖啡跟LIVE COFFEE和Turret COFFEE最大的差別，是這裡能喝到如加了冰淇淋、焦糖奶油等類型的花式冰咖啡。

這間店創業於一九六〇年代，目前在築地有本店和新店兩間，另外神田也開了分店。米本，是這間店經營者家族的姓氏。米本咖啡的前身，原來是一間麵包店。一開始，米本家族在戰前也是從事鮮魚店的生意。戰後，米本先生不幸腦溢血過世，整個家計就由米本太太（米本百百子）辛苦的獨撐起來。

在偶然的機緣下，米本太太爲了滿足還是小學生的長子謙一，大天想吃麵包的心願（當時附近沒有麵包店），於是決定開間麵包店。謙一成年後，決定繼承母親的家業，便將麵包店轉型成喫茶店，開始爲築地往來的人們，提供優質卻極爲便宜的咖啡。米本太太多年前以高齡八十一歲過世，米本咖啡就由兒子的家庭繼續經營下去。

喝著米本咖啡的時候，誰人知道，一杯咖啡的前身，其實是一個麵包呢？只不過這一回，麵包裡抉擇的不是愛情，而是一份母愛。

米本咖啡能喝到加了冰淇淋、焦糖奶油等類型的花式冰咖啡。

INFO

米本咖啡

ADD 東京都中央區築地4-11-1
TIME 5:00-16:00
週日、假日公休
WEB www.yonemoto-coffee.com

A B

B

築地本願寺咖啡：與神共食，到築地本願寺吃早餐！

「築地本願寺咖啡Tsumugi」（築地本願寺カフェTsumugi）位於東京築地本願寺境內入口旁，一幢二〇一七年新落成的建築裡。Tsumugi其實是一間連鎖咖啡館，在築地本願寺內的店面菜單，除了有和風茶點以外，最大的特點則是強調提供「佛系感」的限定餐飲。

近兩千日幣吃份東京的清粥小菜，雖然不便宜，然而當你坐在靠著落地窗的座位，一邊進食一邊欣賞窗外的築地本願寺風景時，也值回票價了。

在這兒喝下午茶很不錯，但我個人最推薦的，是早早起床來吃一份此處限定的優雅早餐。在早餐菜單中，有一道「十八品早餐」很有特色。這道「十八品早餐」算是有著「精進料理」的概念，以蔬食爲主，但不是全素食。這點也是我覺得很有意思的。如果是在台灣，有供餐的寺廟都是素食，不過日本寺院裡的附設餐飲，佛系歸佛系，仍選擇走進親和的紅塵人間。只不過這道早餐的價格，倒是沒那麼親民。這樣一套定價是日幣一九四四圓左右。近兩千日幣吃份東京的清粥小菜，雖然不便宜，然而當你坐在靠著落地窗的座位，一邊進食一邊欣賞窗外的築地本願寺風景時，身心滿足的難得經驗，也值回票價了。

另外一提，餐廳旁有築地本願寺的紀念品店也值得逛逛。除了能買到優雅的原創明信片和各式和風雜物以外，京都西本願寺前的知名線香老舖「薰玉堂」的產品，在這裡也能夠買到。食材挑得好，擺盤漂亮，再給餐點包裝一個好故事，寺院的企管經營，日本向來擅長。傳統與商業，其實可以結合得很有深度與質感。仔細想想，好吃的清粥小菜台灣也有，而且便宜太多，只是缺乏類似的經營與企劃。

築地本願寺的紀念品店也值得逛逛。京都西本願寺前的知名線香老舖「薰玉堂」的產品，在這裡也能夠買到。

INFO

築地本願寺咖啡Tsumugi

ADD 東京都東京都中央區築地3-15-1
TIME 8:00-20:30／無公休日
WEB tsukijihongwanji-lounge.jp/top/about_information_center.html

LITTLE NOTE

—— 十八品早餐 ——

一盤吃遍築地16家名店

十八品早餐，其數字「十八」源自於阿彌陀如來四十八根本之願的「第十八願」，也就是「本願」之典故。這十八品餐點則包括了清粥和味噌湯，以及十六品小菜。

在餐點上桌前，會先端上茶。熱茶的茶葉選自三重縣產和福岡八女產的綜合茶「KABUSE茶」；冰茶則來自鹿兒島產的「深蒸茶」。我挑選的是熱茶，口味清淡甘醇，用來一早醒神開胃，搭配寺院清粥小菜，恰到好處。

至於十六品小菜，全來自於附近的築地市場名店。包括甘口昆布佃煮、玉子燒（日式煎蛋捲）、魚漿炸豆腐、山椒烤鴨肉、海苔明太子等等，都是來自於像是築地江戶一、築地松露、築地紀文等十六間在地老舖。因此，你可以在這一盤早餐中，一網打盡吃到所有築地名店美味。如果要各自走訪這十六間店，很難只買一兩口的份量，所以像是這樣每一盤的份量適中，每一種都嘗一點就好，恐怕是最好的選擇吧。白粥和味增湯吃完可以再續，也是佛心來的。

把盛放小菜的碟子拿起來，還會看見拖盤上墊的紙，寫著每道菜的名字與店家出處。如果無法一眼辨認是什麼料理，那麼就先品嘗，猜猜看，然後再拿起碟子揭曉答案。看看來過築地這麼多次的你，挑嘴的你，是否能夠一吃就知道它們身世，當作一種東京美食達人測驗的挑戰。

十八品餐點包括了清粥和味噌湯，以及十六品小菜，全來自於附近的築地市場名店。在餐點上桌前，會先端上茶。

C 築地木村家：暖簾分家百年麵包老店

大多數人知道的木村家，必然是銀座四丁目十字路口，和光百貨隔壁的「銀座木村家」吧？在築地，其實有一間木村家暖簾分家的店舖，全名是「築地木村家」。

經過築地木村家店門口時，很難不注意到它的存在。各種口味的小圓麵包，從店內延伸到店門口，一眼望去，簡直像是操場上整隊等候升旗的學生似的，有秩序的乖乖排列著。再來是店門口貼滿了老闆手寫的麵包名稱、價格與宣傳標語，把目光投進店裡，還有更多字條，頗有種香港茶餐廳牆上的菜單風格。最後，當然是店內散發出來，濃濃的昭和懷舊氣氛了。即使現在，台北市內都愈來愈少的老派麵包店，在繁華東京的此一角落，原來還保留著。

走到對面遠眺麵包店的建築外觀，才發現築地木村家外觀別具懷舊風情。

築地木村家是在一九〇八年的明治年間，從銀座木村家暖簾分家後所創立的，迄今已超過百年。初代創業者是內田榮一，當年他在銀座木村家修行，老闆收他爲徒，學成後在老闆的同意下頂著木村家的商號自行創業。如今，在築地木村家店內入口牆上，還懸掛著銀座木村屋總本店授權使用木村屋（木村家）的證書。

同樣都以小圓紅豆麵包爲招牌，最大的差異在於銀座木村家的紅豆麵包上是放了醃漬的櫻花瓣，而築地木村家則是放了罌粟的果核。當然，別擔心，那是合法可食用的罌粟品種。除了紅豆餡以外，跟銀座店一樣，築地分家店也有其他口味的內餡麵包。狹長的店面，走到最後有一吧台，是可在店內享用麵包和咖啡的地方，另外也提供自家製的咖哩飯。

我覺得築地木村家麵包的口感，完全不會輸給銀座木村家。最近我甚至買這家麵包的頻率，還漸漸多過了銀座店。一來是銀座木村家

築地木村家是在明治年間，從銀座木村家暖簾分家後所創立的。如今，在入口牆上還懸掛著總本店授權使用木村屋（木村家）的證書。

固然有名，但老實說總店因爲始終擠著川流不息的觀光客，而且同樣的麵包，在他處的百貨地下街其實也能買到，漸漸的似乎也就沒有非要去銀座本店不可的理由。再者是築地分家店從氣氛到老闆的待客之道就像社區內陪著成長，從小吃到大的那種麵包坊，給予我一股鄰家的親切感。

買完築地木村家的麵包，別忘記走到對面遠眺一番麵包店的建築外觀。就近時難以發覺，遠看才發現外觀別具懷舊風情。現任三代目店長的弟弟內田慶三，畢業於武藏野美術大學，爲築地木村家裝扮出和洋交融的一張臉。

INFO

築地．木村家

ADD　東京都中央區築地2-10-9

TIME　週一至週五7:00-20:00／週六7:00-17:00

週日、假日公休

D 新富町至八丁堀：穿梭「裏銀座」小路趣味

台北有個「新富町文化市場」，名稱來自於日治時代的地名，不過眞正的新富町在哪呢？日本有好幾個叫做新富町的地方，其中東京的新富町，就在築地旁邊。

與築地融合成同一個生活圈的新富町，在東京的城市發展中，占有歷史地位。因爲將近在一百四十多年前明治年代，這裡曾是西方人來到江戶時，聚集居住的地方，還在這裡設立了美國學校，爲當時民智未開的日本帶來新鮮氣氛，故可被稱爲日本「文明開化」的起源地。

許多在當時引領風潮的新制度、瓦斯路燈、公共電信、指紋認證研究、活字印刷、西式教育學校、教會、西醫和各種新商業的玩意兒，最早被引進東京時，皆是從這裡發跡的。例如幾間東京的名校，慶應義塾大學、立教大學、明治學院大學，最初都是在這一帶創校的。

一九〇二年由美國聖公會傳教士醫師所創立的聖路加醫院，算是東京最早的西醫之一。二次大戰時，美軍空襲東京，所幸因爲這間醫院的存在，才讓築地這一帶倖免於難。如今這裡還有不少老建築、老教堂被保留下來，入選東京都選定的歷史建築，多少還能揣想當時的街坊氣氛。

① 築地川公園 在地賞櫻秘境

從聖路加醫院旁的綠茵道，經過明石小學，穿過築地川公園，抵達築地的後方。春天若到築地市場，附近也有賞櫻勝地。那就是築地川公園。狹長的築地川公園，是典型的都會住宅綠地，占地雖然不大，卻在花季來臨時，櫻花成蔭，成爲附近居民席地而坐，野餐賞櫻的熱鬧選擇。

這裡觀光客少，得以徹底的閑靜休憩。最特別的是這裡還能烤肉。在都內的公園，幾乎都禁止烤肉，可這裡卻規劃了烤肉區，且還主動

INFO
築地川公園
ADD 東京都中央區明石町 10-2
WEB www.city.chuo.lg.jp/sisetugaido/koento/catchball/tukijigawa.html

提供了烤肉器材，因此成為少數在東京都內能一邊烤肉一邊賞櫻喝酒的公立公園。

沒有櫻花，也不烤肉，那麼就鑽進小巷內尋找咖啡館吧。隻身或者結伴，點一杯合味的飲料，臨著窗，邊喝邊看路上風景，懂得欣賞小事物的美好，那一刻，心中也會飄起絕美的櫻花雨。

（上、下）築地川公園成為少數在東京都內能一邊烤肉一邊賞櫻喝酒的公立公園，是在地人才知道的賞櫻勝地。

② 2F Coffee「穴場」秘境咖啡店

從地鐵日比谷線的築地站4號出口，往地鐵新富町方向走，約不到十分鐘的徒步距離，還不到八丁嵋站，就會看見一棟三菱UFJ銀行。在這個十字路口，銀行的對面有一間二樓咖啡館「2F Coffee」是這一帶典型的「穴場」秘境咖啡店代表。

老公寓外觀看起來有點破舊，不過走上二樓，推開門，就是一個開闊的咖啡空間。除了好喝的手沖咖啡，也大推自家製的各式甜點。最喜歡的是靠窗的座位，可眺望大馬路來往人車，在擁擠城市中獲得遼闊的視野，緊繃的生活也有了喘息。公休日多，去以前請多注意。

INFO

2F Coffee

ADD　東京都中央區新富1-19-5 2F
TIME　週一至週五9:00-19:00
每月第1、3、5週六
10:00-18:00
公休日：週日及假日&
每月第2、4週六
WEB　www.facebook.com/2F-coffee-1116763518348401/

2F Coffee除了好喝的手沖咖啡以外，也大推自家製的各式甜點。

③ FUKURO關東煮

入夜後變成「關東煮」專賣店

坐在料理關東煮的「ㄇ」字型櫃檯式座位，圍著廚師看調理過程，跟好友一邊聊天一邊品嘗美食。

「2F Coffee」再往下走，很快就會抵達地鐵日比谷線、JR京葉線的八丁崛站。八丁崛站的十字路口，有一間背包客旅館「WISE OWL HOSTELS TOKYO」是近來不少自助旅行者會選擇投宿的旅店，其一樓入口處有間外帶式咖啡站，地下一樓是間酒吧，而我要推薦的則是一樓名爲FUKURO（フクロウ）的居酒屋。

這間居酒屋的特色是中午以味噌湯飯定食爲主，入夜後則變成「關東煮」專賣店。可以的話，選擇坐在料理關東煮的「ㄇ」字型櫃檯式座位最好，可以圍著廚師看調理過程，在一支支像是享受泡湯的關東煮面前，跟好友一邊聊天一邊品嘗美食，再來杯道地的日本酒，暖胃、暖身更暖心。

FUKURO（フクロウ）居酒屋位於「WISE OWL HOSTELS TOKYO」一樓。

INFO

FUKURO（フクロウ）

ADD 東京都中央區八丁堀3-22-9
WISE OWL HOSTELS TOKYO 1F

TIME 平日11:30-14:00
17:30-22:00（週六17:00-22:00）
公休日：週日、假日

WEB izakayafukuro.com

④ 煉瓦亭・新富本店 流淌著昭和年代喫茶店的氣氛

幾乎跟日比谷地鐵站在同一個位置的有樂町新富町站，近年來被日本傳媒稱爲「裏銀座」。此地有一個特徵，就是如同「築地木村家」一樣，有幾間店的名字都跟銀座的知名店家相同。別誤會這些店是山寨版，事實上正本溯源後發現，它們不是連鎖分店，而是從前「暖簾分家」的同名店。

銀座「煉瓦亭」，以蛋包飯始祖而聞名的洋食屋，在新富町也有一間，完整名稱爲「洋食元祖・煉瓦亭・新富本店」。店內氣氛比起銀座店來說少了點尊貴感。老派的風格，流淌著昭和年代喫茶店的氣氛，倒因此更有了庶民感的平易近人。推薦的除了蛋包飯、HAYASHI紅酒牛肉飯以外，炸物類也廣受歡迎。

明明擁有同樣的名字，知名度卻大相逕庭，但這間煉瓦亭從來都不寂寞。開業超過半世紀，料理的口感早已擁有自己的風格，甚至不少饕客相比之下更鍾愛這裡。新富町的煉瓦亭或許知道，只要被眞心愛著、被記著，哪怕只有一人，美食記憶的力量也能抵擋萬軍。

這間煉瓦亭從來都不寂寞。開業超過半世紀，料理的口感早已擁有自己的風格，甚至不少饕客相比之下更鍾愛這裡。

INFO

煉瓦亭・新富本店

ADD 東京都中央區新富1-5-5

TIME 週一至週五11:30-14:45（L.O.14:00）／17:00-21:00（L.O.20:30）
週六11:30-14:15（L.O.13:30）／週日、假日公休

⑤ 森岡書店 一書一世界

一間書店只賣一本書，豈不是太奢侈了？標榜「一冊、一室」的概念，從書本內容拉出主題，混搭藝術展覽的森岡書店，眞的是一間只賣一本書的書店。

每個星期會更換一本書，店內的空間也會依照與書相關的主題做展。因此喜歡書的人可能每週都會想繞來看看，這星期選了什麼書來賣？原本對閱讀或許沒興趣，但喜歡設計、攝影或繪畫的朋友也會前來逛展，說不定因此也就愛上某本書。

森岡書店在出版不景氣的年代，大膽用這樣的書店形式，開創另一種東京閱讀空間。店長森岡督行表示，這是一個強調可以「滋生幸福對話」的書店，除了可以與他聊天談書之外，每一本書都會找來作者和展覽的藝術家一起到店，與來訪的人有更多交流。

森岡書店，流淌著一種暖暖的，網路書店永遠也達不到的溫度。

店長．森岡督行：這是一個強調可以「滋生幸福對話」的書店。

標榜「一冊、一室」的概念，從書本內容拉出主題。

每個星期會更換一本書，店內的空間也會依照與書相關的主題做展。

INFO

森岡書店

ADD　東京都中央區銀座1-28-15
TIME　13:00-20:00（週一公休）
WEB　soken.moriokashoten.com

E 歌舞伎座：以日本最大劇場自居

歌舞伎座專門上演日本的傳統戲劇「歌舞伎」表演，不僅日本人前來朝聖，也吸引著大批海外觀光客前來觀賞。在日本各地的歌舞伎座通常都會冠上地名，如中村座、新富座等，但唯有銀座這一間沒有冠地名，而直接以歌舞伎命名。因爲自居爲最大的劇場，認爲不必跟其他小劇場一樣冠上地名，本身就與歌舞伎爲同等代名詞之故。

現有建築是第五代建築，落成於二〇一三年。新建的歌舞伎座共地下四層、地上二十九層。

銀座的歌舞伎座自一八八九年正式開幕。期間經過四次改建，現有建築是第五代建築，落成於二〇一三年。新建的歌舞伎座共地下四層、地上二十九層。低樓層部分爲劇場設施，樓高四層，可容納一九六四人，高樓層部分爲「歌舞伎座塔」，樓高一四五公尺，作爲辦公室與其他商業用途。

對於外國觀光客來說，要看完整齣歌舞伎表演可能會有點吃力。如果是想體驗看看的話，可以購買其中一幕的特別觀賞券，稱爲「一幕見席」。在歌舞伎座一樓外面售票處，可以看到專門賣「一幕見席」的票券窗口。要提醒的是，這種票券依照節目不同，有時可能是無座位的站票。

位於地下二樓的「木挽町廣場」是一處專賣日本和風雜貨、東京伴手禮的賣場。許多名產能在此一次買到，尤其是喜歡帶著濃厚和風況味的物件，這裡琳瑯滿目。廣場內亦有茶館和咖啡館。

地下二樓的「木挽町廣場」是專賣日本和風雜貨，以及東京伴手禮的賣場。

INFO
歌舞伎座
ADD 東京都中央區銀座4-12-15
TIME 木挽町廣場營業時間為9:30-18:30
WEB www.kabuki-za.co.jp

① 壽月堂．歌舞伎座店
隈研吾設計茶館

歌舞伎座樓上五樓，有一間茶葉老舖「壽月堂」所開設的店面與茶館，這間茶店在法國巴黎享有極高的人氣，因此總吸引不少歐美人到訪。築地市場十字路口有店面，但更推薦到歌舞伎座店來坐坐。

歌舞伎座店的空間設計和巴黎店一樣，是由知名建築師隈研吾所操刀，以三千根竹子爲建材，交錯覆蓋出一個充滿禪意的空間。最吸引人的部分是利用歌舞伎座樓上的屋頂花園，讓喝茶不僅是舌尖上的品味，更擁有了視覺上的和風饗宴。

喝日本茶搭配和菓子，是下午茶的「定番」選擇。若想用餐，店內也提供使用壽月堂抹茶與總店「丸山海苔店」的海苔，製作出來的和風三明治與義大利麵。店內可預約茶道體驗，對煎茶和抹茶沖泡知識有興趣的朋友，這裡也是寓教於樂的好地點。

隈研吾以三千根竹子為建材，交錯覆蓋出一個充滿禪意的空間。

壽月堂茶店在法國巴黎享有極高的人氣，因此總吸引不少歐美人到訪。

INFO

壽月堂 銀座歌舞伎座店

ADD 東京都中央區銀座4-12-15
歌舞伎座TOWER 5F

TIME 10:00-19:00

WEB maruyamanori.net/sp/kabuki-za/store/

F 東銀座後巷小路

曾經推薦過的蛋包飯喫茶店「YOU」在歌舞伎座側邊的巷子。在「YOU」的斜對面，恰好正是歌舞伎座的背面，有另一間很特別的喫茶店，名爲「American」（アメリカン）。這間喫茶店創業已逾三十多年，以內餡超豐富的巨大三明治而聞名。

過去來看歌舞伎表演的人，常常會到「American」來買份三明治果腹，現在則有許多愛上老派喫茶店的年輕人也來朝聖。早上八點就開始營業，下午只開到傍晚六點半。名聞遐邇的三明治售完爲止（平均大約在中午就會賣光）。

蛋包飯喫茶店「YOU」在歌舞伎座側邊的巷子。

這裡有兩間咖啡店是我的最愛。一間是來自谷中的「谷中咖啡店」（やなか珈琲店）在這裡有開分店，飲料以外帶爲主，另有多種的自家烘焙咖啡豆；另一間是恍如隱世，不提絕對不知道的兩層樓咖啡館「cafe 634」。咖啡館從外貌到內裝都走純白極簡風，自家製甜點好吃，值得一試。每到中午用餐時間，許多附近上班的OL都會來此用簡餐。周圍的公司多以出版和設計爲多，故下午來喝咖啡時，總能見到穿著有型的人在這裡洽公或寫稿。

附近有一棟大樓是雜誌社——Magazine House。喜歡日本的台灣文青也很熟悉的日雜，如HANAKO、Casa BRUTUS、BRUTUS、POPEYE、an・an等雜誌，都是這間雜誌社推出的。平日中午，若來這附近吃飯或喝咖啡，說不定可能跟這些雜誌的編輯或設計師一起同店用餐呢。不如觀察一下，大家平常都在這附近吃了哪些東西來養成美感的。畢竟，他們手中的東西，經常就決定了你的日本視野呢！

INFO

YOU

ADD 東京都中央區銀座4-13-17

TIME 10:00-21:00（用餐自11:30起／L.O.20:00）

American（アメリカン）

創業已逾三十多年，以內餡超豐富的巨大三明治而聞名。

ADD 東京都中央區銀座4-11-7
TIME 8:00-10:30 ／ 12:00-15:30（售完為止）
週六、週日、國定假日公休

谷中咖啡店

來自谷中的「谷中咖啡店」在這裡有開分店，飲料以外帶為主，另有多種的自家烘焙咖啡豆。

ADD 東京都中央區銀座3-12-1
TIME 週一至週五 8:00-20:00
週六、週日、假日 11:00-20:00
WEB www.yanaka-coffeeten.com/index.htm

cafe 634

「cafe 634」咖啡館從外貌到內裝都走純白極簡風，自家製甜點好吃，值得一試。

ADD 東京都中央區 銀座3-12-7
TIME 9:00-18:00 ／週六、週日、假日公休

Magazine House

喜歡日本的台灣文青也很熟悉的日雜，如HANAKO、BRUTUS等雜誌，都是這間雜誌社所推出的。

ADD 東京都中央區銀座3-13-10
WEB magazineworld.jp

銀座

棋盤小路裡的
銀座

AREA
4

TOURIST SPOT

●銀座一丁目站　地下鐵有樂町線

- A　奧野公寓
- B　銀座藝術小路
  - 1　Hermes Forum 愛馬仕藝術空間
  - 2　Canon Gallery 攝影藝廊
  - 3　GGG
  - 4　資生堂美術館
  - 5　G8
- C　伊東屋
- D　月光莊
- E　MITAKE BOTTONS
- F　AKOMEYA TOKYO
- G　銀座飲食小路
  - 1　木村家總本店
  - 2　煉瓦亭
  - 3　ESPERO
  - 4　天一本店
  - 5　AUX BACCHANALES
- H　CAFE PAULISTA& 琥珀咖啡

●銀座站
地下鐵丸之內線、銀座線、日比谷線

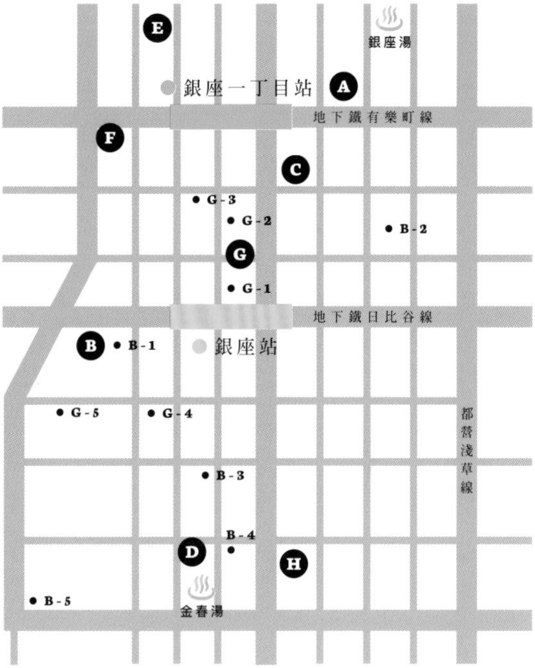

別害怕銀座的旅行團爆買潮。
只要你鑽進團客沒興趣的小路裡就行。
眞正的銀座價值，最可愛的地方，
都藏在後巷裡。

很少聽到身邊愛來日本玩的朋友，會在第一時間告訴我，東京最喜歡的區域是銀座。過去我是純粹的旅人時，也從未感到銀座是有趣的地方。直到成爲東京的生活者以後，住的地方距離銀座也近了，終於開始喜歡上這個區域。

銀座的氣勢，是被中央通或晴海通的精品大店給撐起來的。但銀座的可愛，卻是藏在這兩條大道岔進去的棋盤小路裡。小巷弄裡各式各樣的店家，從你喜歡何種類型的店，就決定了你能在這裡找到一個什麼樣的銀座散步。要當公子哥或貴婦的行程當然沒問題；但不必花什麼錢，也是能夠享受到銀座街衢的樂趣的。

銀座的藝術質感超越了精品，有著豐富的文化底蘊。早期這一帶是上流階層出沒的場所，匯聚不少的畫廊、藝廊或高級畫材文具店。如今這些地方仍保有著在光陰的篩選中，沉澱出來的高雅氣質。散步在巷弄裡，感受洗練沈穩，好整以暇的銀座氣氛，就算不購物，心情也開朗。

A 奧野公寓：光陰停駐的藝術展演場

「走在銀座，你得時常仰起頭來。」偶爾跟遠方前來的朋友，一起在銀座散步時，我常常會這麼說。但可別誤會了，並不是說走在精品店林立的銀座，就得擺出一副趾高氣昂的姿態。我要說的是，在銀座這一帶的小路四闖亂撞，最大的樂趣之一，就是抬起頭來，眼光放遠，仔細欣賞一下此地的建築。

銀座的繁華，反映在建築之上。每一幢造型獨特的大樓，都像身披設計精緻的大衣，站在一起相互競演。其中一棟我很喜歡的樓房，也是銀座老建築代表性的據點，是距離地下鐵銀座一丁目站出口不遠的奧野公寓。奧野公寓建造於一九三二年，原名是銀座公寓。站在大樓入口抬頭仰望，想必立刻就能被老派的外觀給吸引住目光。褐色的磚瓦，拼湊出一張素雅的外表，飄散著一股「大人味」的成熟穩重感。

如果你稍微有點年紀，十幾年前就開始到東京旅行的話，想必會對奧野公寓有著似曾相似的情緒。類似的建築風格，好像在哪裡曾經見過？給個暗示，猜猜看吧！暗示一，位於表參道；暗示二，名字也有公寓兩字。

想起來了嗎？答案是：同潤會公寓。原來，操刀設計奧野公寓的大師，正是同潤會公寓的建築師，川元良一。一九二三年落成的同潤會公寓，在二〇〇六年已被改建成「表參道HILLS」購物中心而消失，如今當地只利用公寓的建材，重建一小部分「同潤館」合併在HILLS中作爲紀念。但重建的建築，畢竟難以複製當年的氣氛。因此，若是對同潤會公寓保有記憶，或者在傳說中曾聽過公寓，卻沒有感受過建築風味的人，請務必到銀座的奧野公寓逛一逛。

INFO

奧野公寓

ADD 東京都中央區銀座1-9-8
TIME 各店營業時間不一
（公寓內多為藝廊和工作室，入內參觀時請保持安靜）

1 奧野公寓在八十多年前竣工時，算是當年數一數二設備新穎的西式公寓。**2** 看起來像是私人住宅的奧野公寓，其實是對外開放的。在六層樓外加地下室的建物中，藏著一個個小畫廊跟展演空間。**3** 在奧野公寓裡眾多的藝廊、設計店家或展覽空間中，入口面向馬路的古董店「YsARTS」特別醒目。**4** 一樓內部盡頭，藏在角落裡的職人手工眼鏡店「MAKOTO」最受人矚目。就算沒有要配眼鏡，進店參觀也像走一趟眼鏡博物館。

奧野公寓在八十多年前竣工時，算是當年數一數二設備新穎的西式公寓。當時作爲住宅使用的奧野公寓，現在已轉型成爲畫廊、美術館、古董店和辦公樓。因此從外觀看起來像是私人住宅的奧野公寓，其實是對外開放的。在六層樓外加地下室的建物中，藏著一個個小畫廊跟展演空間。如果你來東京，對看展有興趣，這裡足以花上你好幾個小時慢慢細看。

銀座的老建築，風韻猶存，如今亦不顯老。歲月流逝，曾經風潮過的奧野公寓，縱使青春不再，依然展現雍容優雅的表情。在復古的風潮中，反倒是與大馬路上那些玻璃帷幕的新穎建築，闢出一條不同的路數，繼續孤傲著矗立著。當然，它們是值得孤傲的，因爲它們比誰都見證過更長、更多的銀座風華。

原本現在只是安安靜靜作爲藝廊之用的奧野公寓，二〇一六年因爲一部竹野內豐和松雪泰子主演的日劇《Good Partner無敵律師》借用此地作爲戲內「神宮寺法律事務所」的拍攝場景，故聲名大噪，吸引不少日劇迷前來朝聖。

佇立在斑駁的穿堂大廳中，感覺這幢公寓散發著一股洗盡鉛華、走過紅塵，再世爲人的新生。昏暗的空間，僅有大門外折射進來的自然光，混合著盡頭店家門前擺放的昏黃燈火，揉和成一團平和的氛圍。一切如此靜謐，可是，眼前與腳底下精緻依舊的一磚一瓦，卻彷彿眾聲喧嘩的訴說著，它們曾見證過的椿椿往事。

在奧野公寓裡眾多的藝廊、設計店家或展覽空間中，除了入口面向馬路的古董店「YsARTS」特別醒目以外，一樓內部盡頭，藏在角落裡的職人手工眼鏡店「MAKOTO」則最受人矚目。就算沒有要配眼鏡，進店參觀也有如行走一趟眼鏡博物館。

樓上的各間藝廊空間有大有小，有些是敞開大門開放式的展場，有些則需要推門而進。關起門來的藝廊，一開始或許覺得有點怕怕的，但只要門上是寫著藝廊（ギャラリー／Gallery）並有標注營業時間，都歡迎自由進出參觀。

參觀奧野公寓的動線，建議是先搭電梯到最上層，再用步行的方式，一層層拾階而下。磨石子地的樓梯，在不同的旋角觀看公寓的內部，幽暗與明亮的交疊，都有迥異的感受。

最後非提不可的，止是這座電梯了。因爲一走進奧野公寓後，立刻吸引到目光的，想必就是公寓內的老電梯。找這一輩的人，恐怕是沒見過這樣的老式電梯。電梯入口的牆上，安置著指針式的樓層指標。指針標向所在樓層，電梯門不會自動開啓。你得手動拉門。先拉開第

LITTLE NOTE

保留80年公寓原貌的
三〇六號室

三〇六號室，是一個很特別的地方。

在一樓的信箱上，雖然三〇六號室標示著「スダ美容院」但實際上這間房，大多數的時間都深鎖著。在八十多年前，這裡曾住著一位女子，確實曾在這間房開設過一間美容院。昭和六十年代以後，美容院歇業，女子便將三〇六號室作為一般起居公寓使用，直到二〇〇九年百歲後辭世。同公寓的熱心人士，在幫忙整理好遺物並清理房間後，號召了一群且有意繼續共同出資承租三〇六號房的委員會，並決定在維持三〇六號房原貌的前提下，推行一個名為「銀座奧野公寓三〇六號室計畫」。

這計畫中，一除了希望讓三〇六號房，成為公寓中的唯一能看見保持最初樣貌的空間，同時也讓共同出資的人，利用此空間進行展覽活動。三〇六號室的展期不一，也不常開放，可以碰碰運氣。

在一樓的信箱上，三〇六號室標示著「スダ美容院」。

7

一層木門，再推開第二道鐵條門。進電梯後，又必須逆向手動重複此一步驟才行。老一輩的人覺得懷舊，我們則抱著新鮮有趣的態度，像是造訪新玩意兒。

於是明白，時代的產物，或許會褪色，但只要維持著不讓它們消失，每一個世代的人終會爲它找到合適的位置。老東西，永遠都有存在的價值與意義。

5 踏上奧野公寓的磨石子地樓梯，在不同的旋角觀看公寓的內部，幽暗與明亮的交疊，都有迴異的感受。**6** 樓上的各間藝廊，只要門上是寫著ギャラリー／Gallery，並有標注營業時間，都歡迎自由進出參觀。**7** 一走進奧野公寓後，立刻吸引到目光的就是公寓內的老電梯。電梯入口的牆上，安置著指針式的樓層指標。

B 銀座藝術小路：美術館，全都免費入場

漫步銀座小巷，就是踏進品味養成班。喜歡設計、攝影、現代美術畫作、抽象藝術，或者對「走進展覽空間」有特別偏好的人，除了去六本木或上野看展以外，銀座也是不可錯過的。

這些美術館空間都不是挺大，展覽的主題卻總是有趣。重點是都免費入場！因此說起我的休日銀座散步，名稱聽起來好像挺奢華，但實際上一整天花到的錢只有用餐。真正奢華到的，是心靈的層面。銀座棋盤小巷裡，真正獨一無二的高級精品，是那些無價的想像力。

① 愛馬仕藝術空間 Hermes Le Forum 品味養成

國際精品Hermes，很多人覺得自己跟這個牌子絕緣，從未想要踏進過，請鼓起勇氣從正門大方走進去吧。

走到底，搭電梯到上層的「Hermes Forum」也是品味養成的銀座教室之一。

挑高的屋頂空間，配合大樓的厚重玻璃牆面，穿透感極強。到了夜裡，車水馬龍的燈火折射進來，混合成一股詭譎的色調，就算什麼展覽作品也沒有，空間的本身就是一張夜都會的藝術。

挑高的屋頂空間，配合大樓的厚重玻璃牆面，穿透感極強。

INFO

愛馬仕Le Forum

ADD 東京都中央區銀座5-4-1 8F
TIME 週一至週六 11:00-20:00（最後入場19:30）
週日11:00-19:00（最後入場18:30）
WEB www.maisonhermes.jp/ginza/

② Canon Gallery 攝影藝廊

大師傑作

要是對攝影比較有興趣的話，可以走到三丁目的「Canon Gallery」去瞧瞧。這棟大樓主要是Canon相機的賣場，一樓附設了攝影展場。

第一次來這，是來看代言人妻夫木聰的攝影展。真不知道是相機好，還是風景本來就美，每一幅他拍出來的作品都像大師傑作。

想了想，大概是人長得帥的關係吧，相機跟風景在帥哥面前都聽話了。

INFO

Canon Gallery

ADD 東京都中央區銀座3-9-7
TIME 10:30-18:30
週日、假日公休
WEB cweb.canon.jp/gallery/schedule/ginza.html

大樓為Canon相機的賣場，
一樓附設了攝影展場。

③ GGG 設計人必訪

七丁目的「GGG」（Ginza Graphic Gallery）是我最常會去逛的展覽空間。多以平面或印刷設計爲主，偶爾也會有互動式的空間藝術展。這間藝廊由大日本印刷株式會社，在一九八六年成立，一年約有八次的企劃展，總是吸引著愛好設計的東京人與設計系所學生到訪。除了展覽以外，另有進行ggg Books出版業務。

GGG總是吸引著愛好設計的東京人與設計系所學生到訪。

INFO

GGG

ADD 東京都中央區銀座7-7-2 1F
TIME 11:00-19:00
週日、假日公休
※根據不同展覽和換展，休館日期也有所變動，詳情請見官網公告。
WEB www.dnp.co.jp/gallery/ggg/

④ 資生堂美術館 大人味美學

資生堂除了是化妝品牌，對藝文美學推廣活動也不遺餘力。

如果想感受一下銀座的大人味，那麼到「資生堂美術館（Shiseido Gallery）」準沒錯。等等，資生堂？不是賣化妝保養品的店家嗎？答案只對了一半。其實很多人不知道，一八七二年創業於銀座的資生堂，在日本人的心中除了是化妝品牌以外，對於藝文美學推廣活動也不遺餘力。

資生堂美術館定期舉辦各項現代藝術、攝影展，是東京藝文圈重要的據點之一，還發行《花椿》雜誌。《花椿》雜誌，迄今仍是時尚、彩妝，甚至是文藝和雜誌平面設計的指標書。

熟悉日本資生堂歷史的人都知道，資生堂可不只是賣化妝品的。資生堂也開餐廳和賣甜點。在資生堂大樓內，有「Shiseido Parlour Restaurant」等高級餐廳和酒吧。甜點也很出名。日幣一千五百圓左右，就能買到一盒精緻花椿鐵盒裝的椿花餅乾，典雅又大器，常是我餽贈好友禮品的候選。

精緻花椿鐵盒裝的椿花餅乾，典雅又大器，常是我餽贈好友禮品的候選。

INFO

資生堂美術館

ADD　東京都中央區銀座 8-8-3 B1

TIME　平日 11:00-19:00
週日、假日 11:00-18:00
週一公休

WEB　www.shiseidogroup.jp/gallery/

⑤ Creation Gallery G8
結合流行文化

走遠了，靠近新橋站，在銀座八丁目還有一間值得探訪的「G8」設計藝廊。藝廊名稱因位於銀座（Ginza）八丁目，故為「G8」。嗯，麻煩請用英文念數字8囉。

這間藝廊是由RECRUIT企業所經營，展覽多以平面設計、商業設計為主。藝廊展覽的主題都很活潑，經常結合流行文化，如廣告、流行音樂等主題，創作者的年齡層較為年輕，天馬行空的趣味也更濃郁些。相信會是令大多數人都易於激發興趣的展覽空間。

INFO

Creation Gallery G8

ADD 東京都中央區銀座8-4-17 1F
TIME 11:00-19:00
週日、假日公休
※根據不同展覽和換展，
休館日期也有所變動，
詳情請見官網公告。
WEB rcc.recruit.co.jp/g8/

G8創作者的年齡層較為年輕，天馬行空的趣味也更濃郁些。

C 伊東屋：文具與國際精品並肩

素來有日本文具專門店「王牌不動地位」之美譽的伊東屋，將原本的銀座總店大樓全部拆除，在經過兩年又四個月的建設後，全新大樓，繼續擔綱起銀座地標的重責大任。

新大樓共有十二層，除了一般性和設計系的文具用品以外，最特別的是在七樓，知名紙店「竹尾見本帖」進駐此地，設置了顏色、目的和諮詢三大專區，提供色味與質感迥異的各種紙張，多達一〇八二種。此外，一樓的卡片專區還開設了外帶的健康飲料吧，而食材則取自於十一樓「FARM」所栽培的水耕蔬菜，強調「銀座地產地銷」的概念，同步也提供給十二樓的附設餐廳。

銀座店店長說，銀座的精品店林立，會走進伊東屋的客人也不同。文具到處都可以買到，於是，怎麼讓這些銀座客有一種「既然來了伊東屋，就一定會看到驚喜的東西」是他們一直努力的目標。

創立於一九〇四年的伊東屋，從當年的一間木造小屋，一百多年來見證著銀座的成長，以一間文具店身處在最精華的地段上，做到了跟國際精品店平起平坐的地位。

既然來了伊東屋，就一定會看到驚喜的東西。

知名紙店「竹尾見本帖」進駐此地，設置了顏色、目的和諮詢三大專區，提供色味與質感迥異的各種紙張。

INFO

伊東屋

ADD 東京都中央區銀座2-7-15
TIME 週一至週六10:00-20:00
週日及假日10:00-19:00
12樓Cafe至22:00（L.O.21:00）
WEB www.ito-ya.co.jp

D 月光莊：畫材店與自家品牌原創商品

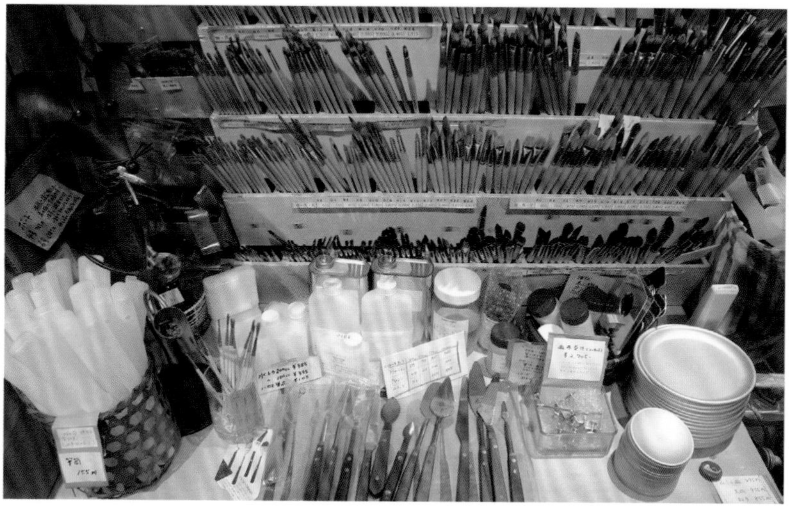

月光莊除了進口各種顏料、畫材之外，還有各種自家製的繪畫用品與筆記本。

月光莊畫材店的創立可追溯至一九一七年。最初便是以銷售畫材起家，而到了一九七〇年代因爲大阪世博的舉辦，開啓了經營藝廊賣畫的契機。隨後，經營者與地點幾經更迭，九〇年代以後的月光莊又回到以販售繪畫用品和畫材爲主。仍保有的小藝廊空間對外開放出租，定期更換各項展覽。

月光莊委身在小巷弄的樓房裡，一樓是只有數坪大小的賣場，除了進口各種顏料、畫材之外，還有各種自家製的繪畫用品與筆記本。標幟著月光莊LOGO和字樣的原創商品，始終是人氣產品。

樓下有一個附設的咖啡座，空間狹小，卻相當溫馨。一旁銷售著原創明信片和各式紙類，而隔壁則是另外一間小型展覽空間。咖啡座裡僅僅兩張茶几的背後，有一面貼滿明信片的牆，全部都是月光莊的愛好者，從各地寄來的明信片。

推薦月光莊推出的各項原創產品，其中「明信片筆記本」可以當筆記本，也可一張張撕下來，在背面繪畫當明信片郵寄。

咖啡座裡僅僅兩張茶几的背後，有一面貼滿明信片的牆。

INFO

月光莊

ADD 東京都中央區銀座8-7-2 1F、B1F
TIME 11:00-19:00
WEB gekkoso.jp/

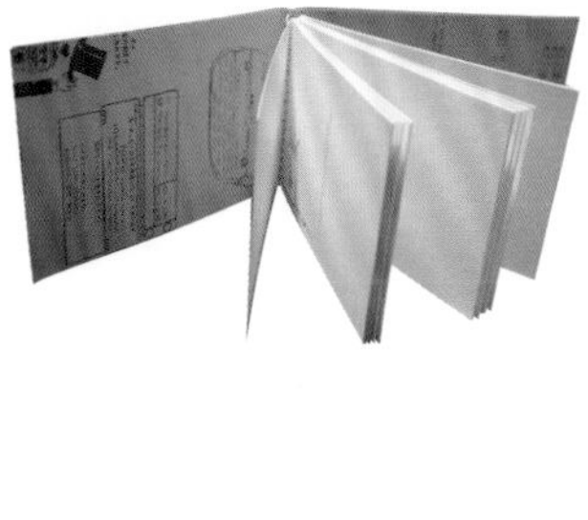

「明信片筆記本」

E MITAKE BUTTONS：鈕扣師和他的70年鈕扣專賣店

一直覺得鈕扣像是衣服的眼。它可以低調的存在，也可以高調的突出，透過特殊形狀和色彩的鈕扣，讓一套即使看似平凡的剪裁，因此擁有了搶眼的設計感。

東京銀座，在一棟細長辦公樓裡就有這麼一間鈕扣專門店——MITAKE BUTTONS。七十年來，在這片鈕扣的小宇宙中，一代代的職人老闆，用雙手用時間，爲千萬件的衣服睜開眼。

小堀孝司是MITAKE BUTTONS的第三代店長。其實是店家的老闆，不過名片上小堀孝司的職稱不是店長也並非社長，而是「鈕扣師」。充滿職人況味的稱謂，不僅透露著對於鈕扣的專精與熱情，也有承襲傳統家業的意味。

MITAKE BUTTONS創業於二次大戰後。店家的前身其實是一間布料店，由出身於吳服屋(和服)世家的祖母所經營。大戰期間，祖父母到熱海避難，戰後回到東京。當時民生潦倒，政府限制布料的自由買賣，小堀家的布料店經營也陷入窘境。恰逢美軍駐日的緣故，許多在美軍和其家族所穿著的衣服流通到市場上，不同於和風衣物的鈕扣也逐漸出現。布賣不成作罷，小堀家於是決定轉個方向，從布料銷售變成鈕扣專賣。

在遠遊尚未時興的那個年代，小堀的祖父就已經遠赴美國採購過鈕扣。帶回日本以後，便在舶來品的匯聚地銀座開店銷售，成爲日本少見的鈕扣輸入專賣店。隨後日本開啓了戰後復興重建，經濟逐漸好轉，在成衣業尚未蓬勃的當時，訂製服仍爲主流。銀座出現許多訂作西服與洋裝的店家，小堀家的鈕扣店生意也扶搖直上。

小堀孝司曾赴美國留學兩年，返回日本後，最初其實是在IT產業當上班族。累積了海外歷練與社會工作的經驗後，才決定承接家業。

走進MITAKE BUTTONS店內，在小小的店面中，容納了超過一十種各式各樣的鈕扣。除了色彩不同以外，形狀和材質也多變。風格橫跨古典歐陸風、英美學院風、現代拼貼感，甚至青春可愛風。

店內鈕扣約七到八成是輸入品，主要輸入源早期是美國，近年來多以歐洲的義大利、法國、德國和西班牙爲主。其中有一櫃，擺放雕工與

小堀孝司
MITAKE BUTTONS第三代店長
鈕扣師

除了色彩不同以外，鈕釦形狀和材質也多變。

繪畫精緻的鈕扣，是一顆就要價兩、三萬日幣起跳的古董，世上稀少，很是珍貴。另有部分鈕扣是日本製的，多半是MITAKE BUTTONS受委託自製的產品。要說這裡根本是一間鈕扣博物館也不爲過。有些客人來買鈕扣，原來不是爲了衣服，而是爲了裝飾收藏。

MITAKE BUTTONS歷經了昭和時期以訂製服爲主流，需要大量手工縫製鈕扣的時代；走過三十多年前日本泡沫經濟高峰，客人訂作再高級的衣服，買多珍貴的古董鈕扣也花錢不眨眼的階段；如今則走進「快速休閒時尚」和日本年輕人對衣服失去熱情的年代。

當客人上門，想爲失去鈕扣的衣服縫製新的鈕扣時，就是小堀孝司引領進入鈕扣宇宙的時刻。思考符合衣服的風格，爲客人提案鈕扣的種類，好像就像從繁星中伸手摘一顆屬於你的星星。

當客人「哇！」一聲猛點頭，驚喜新的鈕扣和衣服達成意想不到的合拍時，衣服就再次張開了炯炯有神的眼。

在小小的店面中，容納了超過一千種各式各樣的鈕扣。

INFO

MITAKE BUTTONS

ADD 東京都中央區銀座1-5-1-501
TIME 10:00-19:00／週日公休
WEB mitakebuttons.com

F AKOMEYA TOKYO：一切從米飯開始！

以日本食文化的主角「米」爲主題的AKOMEYA TOKYO，位於銀座後巷，開幕以來吸引不少忠實的「米飯派」支持者爭相到訪。由Afternoon Tea所屬的SAZABY LEAGUE所經營，理念是「在銀座的米店體驗飲食和居住的生活故事」。

一樓設有專櫃，銷售各地生產多達約二十種類的日本米。不同於老舊的米店印象，這裡以明亮俐落的空間感，加上設計感十足的米袋包裝，讓人驚豔。還販賣各式日本酒和調味料等食材，精挑細選自日本的地方物產。

二樓賣場，從米飯延伸出「日常食生活」相關的職人選貨店。與米或飲食相關的炊具、餐具和生活雜貨，一應俱全。

此外，還有與知名手帳品牌「HOBO日刊糸井新聞」合作的賣場。一樓設有名爲「AKOMEYA廚房」的餐廳，以當令的健康食材烹飪出多變的菜色。不過，這裡即使連午餐都價格不低，得準備好預算才有資格領悟和食文化之美了。

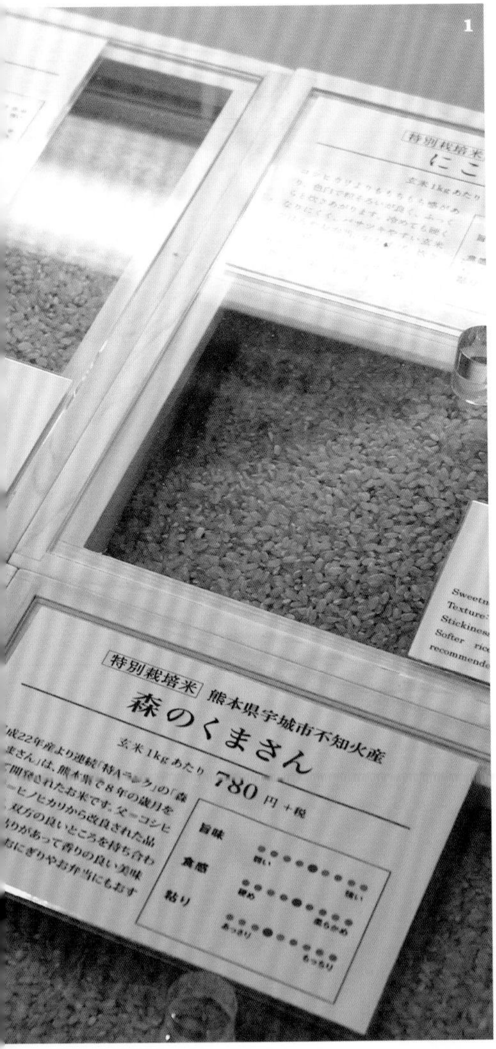

1 店內銷售各地生產多達約二十種類的日本米。

2 AKOMEYA的理念是「在銀座的米店體驗飲食和居住的生活故事」。

3 設計感十足的米袋包裝，讓人驚豔。

4 除了米，也販賣各式日本酒和調味料等食材，精挑細選自日本的地方物產。

INFO

AKOMEYA TOKYO

ADD 東京都中央區銀座2-2-6
TIME 米店及雜貨11:00-21:00
餐廳11:30-22:00
WEB www.akomeya.jp

G 銀座飲食小路：融合日本民情的洋食

受到西洋文化的薰陶，銀座許多現存知名的店家，似乎在西餐的比例上遠遠高過傳統的日本料理餐廳。這些知名的西餐廳，並不像現在多半直接從國外登陸，用同樣的店名來展店，而是由當年的人從國外引進料理技術，融合日本民情而開設的新店。

① 銀座．木村家總本店 朝聖小圓麵包

銀座木村家的小圓麵包，是我十多年前初訪日本就抱著朝聖之心去吃的。現在住在東京了，發現很多地方其實也有分店。不過，要是特地來到銀座，經過了還是會進去繞一繞。現在會買的，是別處不一定有賣的。像是司康（scone）就是必買名單。我媽媽特別愛吃木村家的花林糖（かりんとう，類似江米條），每次來東京玩都不忘去買。後來有一年她生日，我還特地跑去買了好幾包用國際快遞寄回去。結果好像買多了，下一回她委婉暗示，其實一、兩包嘗嘗就也滿足。

木村家樓上有開設西餐廳。不知道以前在哪兒聽過，是從前的人要是家族裡有值得慶祝的大事，爸媽才會帶小孩來吃的餐廳。我也曾去吃過一次，自己爲自己慶祝又來日本玩了。結論是餐飲自然有一定的水準，好吃歸好吃，但也很難說有多麼驚豔，大概主要還是吃一種氣氛吧。

銀座木村家的小圓麵包，是初訪日本必去吃的朝聖物。

木村家

INFO

ADD　東京都中央區銀座4-5-7
TIME　1F麵包店10:00-21:00
2F喫茶店10:00-21:00（L.O.20:30）
3F洋食10:30-21:00（L.O.20:30）
4F餐廳 午餐11:00-14:30／晚餐17:00-21:00（L.O.20:00）
WEB　www.ginzakimuraya.jp

② 煉瓦亭 日本蛋包飯發源地之一

銀座小巷弄的西餐廳更是不勝枚舉。一八九五年創業的煉瓦亭，號稱是日本蛋包飯的發源地之一，店面從外到裡都充滿懷舊的風情，食物的調理方式不花俏，口味很樸質。我愛蛋包飯，來煉瓦亭也是抱著朝聖之心。

日本有很多技巧超絕的蛋包飯連鎖店，但對我而言，所有真正令人盪氣迴腸的蛋包飯，都不是在那些口味太重、做法花俏的大店中。而是藏在這些僅此一家，溢滿著昭和風味的喫茶店或懷舊的西餐廳裡。

INFO

煉瓦亭

ADD 東京都中央區銀座3-5-16
TIME 午餐11:15-15:00（L.O.14:15）
晚餐16:40-21:00（L.O.20:30）
週六、假日至20:45（L.O.20:00）
週日公休
WEB ginzarengatei.com

煉瓦亭蛋包飯不花俏，口味樸質。

特別推薦西班牙海鮮飯、煎鯛魚、西班牙式炒蛋，以及燉雞肉。

③ ESPERO 在銀座吃西班牙料理

這間西班牙料理，中午套餐包含前菜（五選一）、主餐（五選一）、飯或麵包、飲料（八選一），居然只要日幣一千圓。在銀座這樣的地段，如此划算的價格，簡直是太夢幻。

ESPERO的葉山料理長認為，所謂的西班牙料理其實很難說出一個正統口味。因為不同的地方，同樣一道餐點，由於食材使用不同，料理習慣迥異，故口感也不一。而他希望將符合日本人口感的味道加以融合，並擷取各地的特色，放進ESPERO這間店裡。

特別推薦西班牙海鮮飯、煎鯛魚、西班牙式炒蛋，以及燉雞肉。海鮮飯看起來海鮮料放得不多，但入口以後，純粹的口感卻反而滲入米飯之中，將海鮮的香味推到味蕾前方。煎烤鯛魚，口感清爽；燉雞肉的口味較重，適合麵包沾醬搭配。至於類似台灣的番茄炒蛋，這樣看似簡單的一道菜，其質樸且深層的美味，就更能夠檢驗出廚師的功力了。

在銀座這樣的地段，ESPERO划算的價格，簡直是太夢幻。

INFO

銀座ESPERO（エスペロ）
ADD 東京都中央區銀座3-4-4 2F
TIME 週一至週五
11:30-15:00（L.O.14:00）
17:00-23:00（L.O.22:00）
週六
12:00-16:00（L.O.14:45）
17:00-23:00（L.O.22:00）
（假日至22:00）

④ 天一本店 慢工出細活的天麩羅

我對於銀座的日本料理，比較有印象的是天一天麩羅（天婦羅）。這間銀座的名店，很多年前曾在百貨公司的美食街分店裡吃過一回，可惜當時的印象不是太好。前陣子因爲朋友作客，有幸朝聖了總店以後，大有改觀。

在小房間裡像吃鐵板燒那樣，大約八席左右的客人圍著中間的師傅，看著他從裏粉到油炸，等我們吃完一道後，才開始製作下一道。這樣慢工出細活的天麩羅吃法，當然是跟一次全部端上來，軟掉又涼掉的口感很不相同了。

在不同的店舖端上桌的食物縱使一樣，味道可能也有差異；同樣的店家若換了廚師，即使用著同樣的食譜來做，口感也可能有差別。吃起來覺得都很好吃的食物，當中都隱含著微妙的變化。曖昧的溫度差，讓料理人與食客的每一回相遇，又驚豔又驚險。

大約八席左右的客人圍著師傅，看著他從裏粉到油炸，等我們每吃完一道以後，才開始製作下一道。

INFO

天一本店
ADD 東京都中央區銀座6-6-5
TIME 午餐11:30-16:00／晚餐16:00-22:00
WEB www.tenichi.co.jp

AUX BACCHANALES
ADD 東京都中央區銀座6-3-2
週日至週四、假日：咖啡館9:00-22:00／麵包店9:00-21:00／酒吧9:00-23:00
週五、六：咖啡館9:00-22:30／麵包店9:00-21:00／酒吧9:00-23:30
WEB www.auxbacchanales.com

5 AUX BACCHANALES

巴黎的自在感

這間從外觀到內裝都瀰漫著歐風氣息的AUX BACCHANALES，走的是法式咖啡館風格。巴黎的自在感，處處有著古典精緻美。銀座的分店以甜點、咖啡和酒吧爲主，附設麵包店，而其他間分店則有供餐。服務生依照座席區域，各由固定的店員負責，因此對應客人得以仔細到位。尤其服務生幾乎像是從模特兒公司挑出來的男孩，爲咖啡館增添了不少浪漫想像。坐在戶外的座席，看街上的行人腳步雜沓，冬日暖陽，甜點適合搭配日光。

銀座的分店以甜點咖啡和酒吧為主，另外也附設麵包店。

(下) 從外觀到內裝都瀰漫著歐風氣息。

H CAFE PAULISTA & 琥珀咖啡：銀座重量級咖啡館

老派咖啡館在日文中多以「喫茶店」稱呼，在銀座地區有非常多歷史悠久的喫茶店，原因是這裡是日本最早接收西方流行文化的地方，咖啡館在當年被視爲潮流時尚的輸入品，自然就在銀座這個時尚地帶如雨後春筍般地現身。

① CAFE PAULISTA 約翰藍儂與小野洋子的流連之地

說起銀座的咖啡館文化，東京咖啡迷絕對不可能不知道的，就是這間CAFE PAULISTA咖啡館。這間店一九一一年在銀座開幕，號稱是銀座最初的喫茶店。創業的契機來自於當年日本推廣移民巴西，開始接觸到巴西產咖啡豆，在巴西政府的提供下，咖啡豆開始往日本輸入。

CAFE PAULISTA咖啡館，就在這樣的環境背景中誕生。資助這間咖啡館的幕後推手，同時也是CAFE PAULISTA的合夥人，是早稻田大學創辦人大隈重信。因爲這個緣故，讓這間咖啡館多了些人文氣息，吸引不少文人上門，像是芥川龍之介就是常客。

日文中有一名詞爲「銀ブラ」（GINBURA），意思是銀座散步。有此一說，名詞的語源之一，其實是源於CAFE PAULISTA店名。PAULISTA的日文發音近似BURA，當年到銀座就是要去這間咖啡館，因此成爲銀座散步的代名詞。

CAFE PAULISTA此後在東京、名古屋、神戶等地都開了分店，巴西咖啡一時之間，蔚爲風潮。一九二三年毀於關東大地震後，直至一九七〇年才重新開幕。

讓CAFE PAULISTA名聲大噪的另一個原因，是披頭四樂團的主唱約翰藍儂和其妻子小野洋子當年來到日本時，也常流連在這間咖啡館。時移事往，人事多已變遷，一杯咖啡的香醇，其實藏了多少光陰的苦澀。

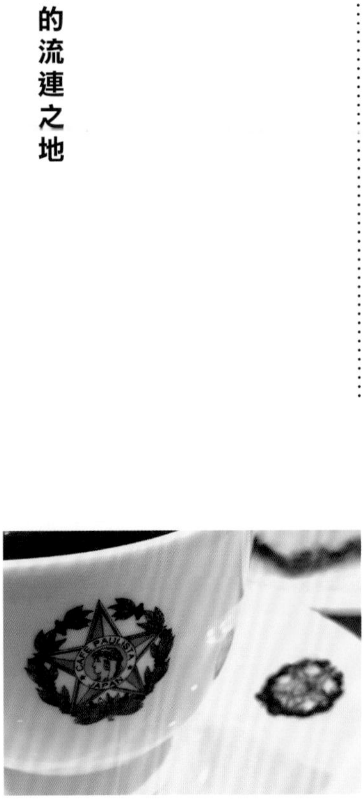

INFO

CAFE PAULISTA

ADD 東京都中央區銀座8-9-16
TIME 週一至週六8:30-21:30
週日、假日12:00-20:00

（上）PAULISTA的日文發音近似BURA，當年到銀座就是要去這間咖啡館，因此成為銀座散步的代名詞。

（下）約翰藍儂和其妻子小野洋子當年來到日本時，也常流連在這間咖啡館。

② 琥珀咖啡 CAFE DE L'AMBRE

獨立咖啡店精神

琥珀咖啡（CAFE DE L'AMBRE）則是咖啡迷到訪銀座時，另一個常來朝聖的地方。地點就在CAFE PAULISTA後面的小巷，在一九四八年由關口一郎創業。不同於兩層樓的CAFE PAULISTA企業經營，琥珀咖啡迄今始終維持著小店面小空間，用現在的話來說，就是堅持著一種個人獨立咖啡店的精神吧。

這間店是日本最早標榜只賣咖啡，不賣任何其他食物的咖啡館，從店門口掛著的立牌寫著「Coffee only, own roast, and hand drip.」便可看出店主對於咖啡的情有獨鍾。使用的自家烘焙咖啡豆採用的是陳年老豆，而非一般咖啡店慣用的新豆，因此更需要著重濕度、溫度的精緻保存。

關口一郎在二〇一八年三月以高齡一〇四歲與世長辭，由被咖啡迷稱爲接班人的外甥林不二彥繼續接手經營。店內的招牌咖啡是一款冰咖啡名爲「琥珀女王」，做法是在高腳杯中承裝混合著砂糖和焦糖香醇的冰咖啡，然後再注入無糖煉乳。上層的白色煉乳和下層的墨黑咖啡分隔爲二，看起來像是淋上鮮奶的咖啡凍。喝的時候不攪拌，直接喝，才能按部就班地喝出這款咖啡的口感層次。

一邊喝一邊再次確信，熱愛咖啡的關口一郎之所以認爲世界上最好喝的飲料唯有咖啡，不是沒有道理。也終於明白，爲何據說美國Blue Bottle咖啡創業者，當年也曾拜訪過琥珀咖啡，被這裡的咖啡美味所感動的他，成爲日後他回到加州創立咖啡店的參考之一。

來到琥珀咖啡，最推薦的是坐在吧檯位置，靠近玻璃彩燈的角落座位。因爲坐在這裡，才能細細觀察吧檯內咖啡職人們的互動，店內客人風景，以及製作各種手沖咖啡的細節過程。

從職人手中長嘴壺裡流瀉出的熱水，緩緩注入咖啡濾網裡，極富節奏感地在咖啡粉上畫出一圈又一圈的痕跡。那是刻畫在咖啡上的時光年輪，將關口一郎的精神蒸出令人陶醉的香氣，飄散在銀座小巷裡，把傳奇給繼續下去。

1 · 3 坐在吧檯，能細細觀察吧檯內咖啡職人們的互動，店內客人風景，以及製作各種手沖咖啡的細節過程。
2 · 4 琥珀咖啡迄今始終維持著小店面小空間。

招牌咖啡「琥珀女王」

INFO

CAFE DE L'AMBRE

ADD 東京都中央區銀座8-10-15

TIME 週一至週六12:00-22:00（L.O.21:30）
週日、假日12:00-19:00（L.O.18:30）

從以前開始就有許多品牌廠商深信，只要第一間店家開設在銀座，便能打響名號。

LITTLE NOTE

認識銀座多一些！

POINT 1

關於銀座的NO.1

1st —— 東洋第一條地下鐵
1st —— 麥當勞、星巴克、Apple Store在日第一間店
1st —— 步行者天國的先端
1st —— 不動產地價全國最高

銀座的名稱始於江戶時代初期。一六一二年，製造錢幣的銀錠鑄造所，由駿府（現静岡）遷至江戶（現東京）的銀座地區，故得名「銀座」。十九世紀明治時代，英國建築師湯馬士．華達士操刀設計，以紅磚建築成「銀座磚瓦街」成為當時日本最現代化的街道。同時在這條街上還設置了煤氣路燈和行道樹，也是全日本首創。從以前開始就有許多品牌廠商深信，只要第一間店家開設在銀座，便能打響名號，甚至連國外品牌也入境隨俗。例如麥當勞、星巴克、Apple Store等店家，日本第一間店，全選在銀座開設。

東洋第一條地下鐵銀座線

銀座還有東洋第一條地下鐵銀座線。而東京都內最初的「步行者天國」（每逢週末實施的行人徒步區）也是在一九七〇年，由銀座開啟先端。

全日本最貴的地價之處

銀座的不動產地價之高，也是領先全國，迄今長達三十二年。銀座四丁目十字路口，三越、和光百貨斜對面，鳩居堂文具店前的土地擁有全日本最貴的地價。二〇一七年的統計是一平方米大小，約日幣四千零三十二萬圓。也難怪，銀座之於東京，甚至全日本，就如同貴族般的存在。

POINT 2

放鬆一下，銀座錢湯！

金春湯

來到銀座逛街，在名牌店林立的大道上與巷弄中的高級專賣店和美味餐飲店之間，大概很難想像這樣的地方，居然也會有傳統錢湯的存在。而這也正是錢湯最令人感到魅惑之處了。總是夾在不起眼的小路裡，無論是住宅區或商業區，常常僅是一個轉角，就會發現委身著一座小錢湯。

銀座有兩間歷史悠久的錢湯：「金春湯」、「銀座湯」。走路走得累了，不妨繞進去放鬆一下。（**內容詳見〈東京錢湯巡禮〉p257**）

大銀座
街中之街
商場裡的驚喜
AREA
5

TOURIST SPOT

● 日比谷站
地下鐵丸之內線、銀座線、日比谷線

A 日比谷 · 東京Midtown
B HMV & BOOKS HIBIYA COTTAGE
C 銀座東急廣場
D GINZA SIX
E 銀座蔦屋書店
F GINZA PLACE

● 銀座站
地下鐵丸之內線、銀座線、日比谷線

G LOFT
H MUJI HOTEL

● 銀座一丁目
地下鐵丸之內線、銀座線

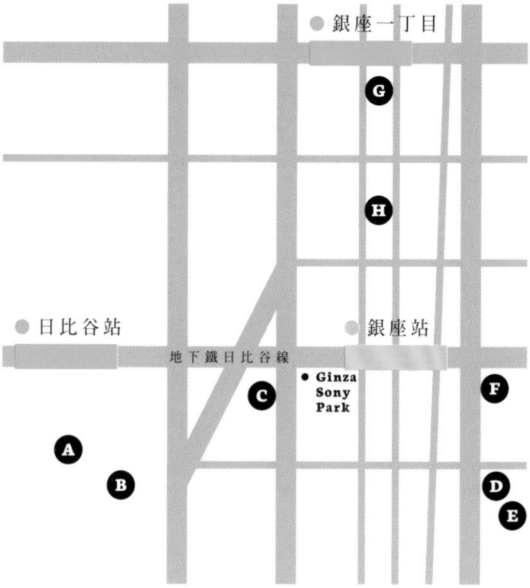

逛Mall不是錯，
錯的是逛不出符合自己的Free Style！
銀座的百貨像街中之街，
大人味的散步就是要抬頭「向上」走，
因爲驚喜都藏在上面的樓層裡。

近幾年來，銀座周圍的都市更新成果斐然，幾乎每一年都會交出漂亮的成績單。銀座占地其實不大，但銀座的腹地卻很廣。包含日比谷、有樂町、部分的丸之內等區域，都在銀座的徒步範圍內。隨著許多大型商業設施在這些區域陸續落成，銀座的地理定義也比以前更廣。日本傳媒仿照紐約大蘋果的概念，爲廣義的銀座地區取名爲「大銀座」區域。

在大銀座裡的新商場，有個共通的特色，就是在室內設計和店鋪動線的安排上，希望營造出一種「街中之街」的感覺。當你走進這些地方，期待一種在小巷裡穿梭，發現各種驚喜交錯而出的可能，而不像過去「逛商場」時，一間一間單獨店鋪，彼此無互動交集，與生活有一層距離的隔閡感。

A

日比谷・東京Midtown：確立大銀座商圈地位

「日比谷・東京MIDTOWN」標榜融合商業、藝術文化與自然環境三大領域，除了希望提供一個全新的娛樂據點外，更期盼能在未來替東京打造出「國際商業&藝術文化都市」的形象。

特別值得注目的是在建築設計方面，壁面採用Art Deco等樣式，為了呼應保存運動的趨勢，特別在新建築中使用了原有的舊三信大樓一部分設計。此外，大樓上半部外觀的曲線設計概念，也呼應了一八八三年至一九四〇年在日比谷最重要的地標「鹿鳴館」的建築設計，處處可見古今呼應的用心。

INFO

CAFE DE L'AMBRE

ADD 東京都千代田區有樂町1-1-2

TIME 商店11:00-21:00
餐廳11:00-23:00

WEB www.hibiya.tokyo-midtown.com/jp/

1

2

2

1 「日比谷・東京MIDTOWN」標榜融合商業、藝術文化與自然環境三大領域。

2 在建築設計方面，壁面採用Art Deco等樣式。

(Photo by Tokyo Midtown Hibiya)

① 日比谷美食廣場 HIBIYA FOOD HALL

人氣美食街

B1

大銀座地區最新人氣美食街，在銀座不知道去哪裡吃飯，先來這裡就對了！

包含歐陸小酒館「Bar & Tapas Celona」西班牙料理；以牡蠣爲主，網羅日本各地新鮮海產的「BOSTON OYSTER & CRAB」龍蝦牡蠣海產餐廳；近年來深受日本女性歡迎的「VIETNAMESE CYCLO」越南餐廳；以肉丸子爲主食的「Susan's Meat Ball：輕食」餐廳；牛排和烤牛肉爲主的「Brooklyn City Grill」美式餐廳；「Mr.Farmer」農家野菜健康飲食；「日比谷焙煎咖啡」則嚴選三種高品質咖啡豆，直接在店家現場完成新鮮烘焙。

「BOSTON OYSTER&CRAB」網羅日本各地新鮮海產。

在銀座不知道去哪裡吃飯，先來這裡就對了！

「日比谷焙煎咖啡」則嚴選三種高品質咖啡豆。

「Mr. Farmer」標榜農家野菜健康飲食。

② Buvette 來自紐約的知名餐館

1F

以「街角的小食堂」起家的Buvette，本店位於紐約曼哈頓格林威治村（Greenwich Village）Grove Street 42號，是由Jody Williams, Buvette Gastrothèque所創業的餐館。紐約餐館地點靠近紐約大學、華盛頓廣場、知名爵士樂酒館BLUE NOTE紐約本店，這一帶不僅藝文氣息濃厚，也有非常多知名美食與歷史悠久的咖啡館，像是Caffe Reggio、Dante NYC等店。能在這裡立足的餐館，勢必都是經過激烈競爭下淘汰而出的店家。東京日比谷店則是繼巴黎分店後，全球第三間店。

以「街角的小食堂」起家的Buvette，如今成為跨國知名餐館。

③ 喜久や Tokyo 天婦羅炸物的立食店

2F

如果時間不多，只想迅速吃點東西就走；如果看到其他餐廳都大排長龍，想找一間很快就能進去的店家；又或者單人旅行，不習慣一個人進大餐廳，以上任何一種原因成立的話，那麼這間「立食」餐廳就很合適了。以天婦羅炸物爲主的日本料理店，是一間標榜不只喝啤酒的居酒屋，更歡迎暢飲紅酒搭配。

想找一間很快就能進去的店家；又或者單人旅行，不習慣一個人進大餐廳，這間「立食」餐廳很合適。

A

④ Smith

日本設計款文具店

2F

喜歡日本設計文具商品的朋友，來到日本一定要逛逛這間Smith設計文具店。從各式各樣的筆記本、筆、各種文具用品到背包提袋等，肯定能找到你想要帶走的東西！請小心荷包。本店有日比谷店限定商品。

⑤ 日比谷中央市場 從書店連結出來的創意人世界

3F

「日比谷・東京MIDTOWN」商場內，有一處名爲「日比谷中央市場街」（HIBIYA CENTRAL MARKET）的店中店，頗受愛書人、設計師、美食饕客與雜貨愛好者的矚目。

占地約二百三十七坪，由「有鄰堂」書店所經營，邀請日本創意總監南貴之，共同企劃而成，以市場爲名，南貴之期盼來到這裡的人，恍如置身於旅行中遇見的各種市集，在一處集中的範圍內穿梭來去，就能體驗到許多意想不到的驚喜。

這裡一共有九間店，迴然不同的類型，在「市集」中相互連結。爲了呈現市場感，空間動線的設計也打造成巷弄逛街的形式，表現出「街角」和「小巷」的趣味。

九間店分別是「Library」，結合書店、衣物與雜貨；「Graphpaper」則是介於藝廊和選貨店定義之間的空間，由二村毅主導，會隨時間改變店家主題；充滿昭和復古風味的理容院「理容HIBIYA」由藤井實監製，老派卻翻轉出時尚風味；「CONVEX」是眼鏡行；「Tent gallery」是獨特的小藝廊；「一角」是由丸山智博所企劃的居酒屋。最有趣的莫過於由「有鄰堂」書店、來自熊本的咖啡「AND COFFEE ROASTERS」和假想物流運送公司「Fresh Serive」三店一體，共同打造而成有如車站書報攤的小店舖。

「有鄰堂」認爲在這個時代，書店的存在價值必須再定義。對他們來說，書店裡賣書，不該只是放置書的本身而已，應該是透過書這個物件，連結出書裡看見情報、娛樂，讓這些東西在一個空間裡實現出來。這就是「日比谷中央市場」的成立初衷。

「理容HIBIYA」充滿昭和復古風味。

「Library」結合書店、衣物與雜貨。

A

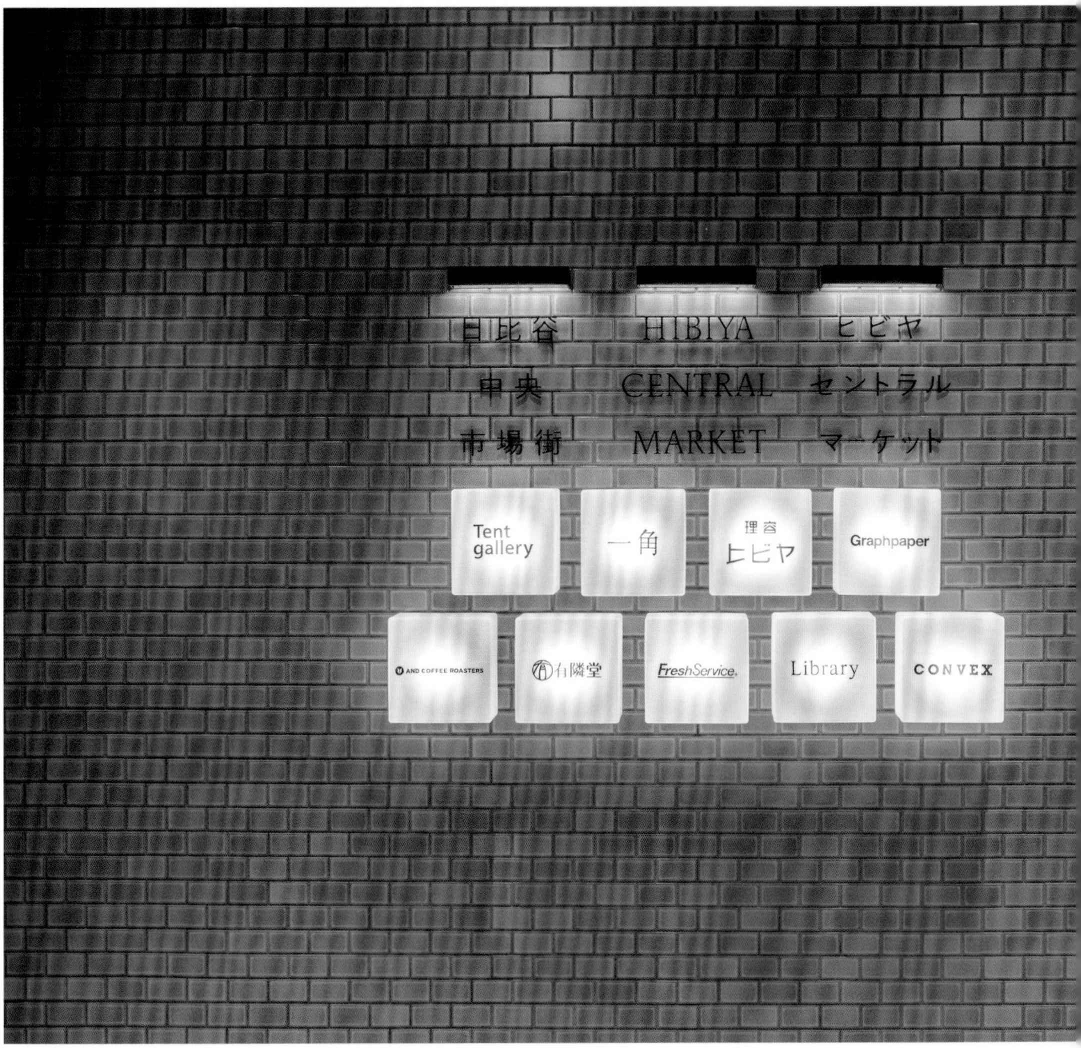

「有鄰堂」有如書報攤的小店舖。

「一角」居酒屋。

「CONVEX」眼鏡行。

 Photo by HIBIYA CENTRAL MARKET

B HMV & BOOKS HIBIYA COTTAGE：爲寶塚歌劇迷和電影迷所打造

繼澀谷和福岡博多之後，HMV & BOOKS開設第三間店，緊鄰「日比谷・東京Midtown」旁的「日比谷Chanter」三樓，定名爲「HMV & BOOKS HIBIYA COTTAGE」。因爲日比谷周圍聚集非常多的電影院和劇場（寶塚歌劇），所以這間書店以電影、戲劇爲主題。

另外這裡也是一間鎖定女性客層的專門書店和選物店。從書架的分類方式，選書的種類，都以女性爲出發點。無論是女孩、上班族、職業婦女到家庭主婦等身分，這裡都有分門別類的相關選書。女性和戲劇的關係，不只是演員這個身分而已，很多優秀作品的幕後創作者也是女性。在這裡可以找到女性作家、劇本家、攝影師等專門職業的相關作品。

在這棟「日比谷Chanter」樓下是「日比谷哥吉拉廣場」，地標是一尊哥吉拉雕像，哥吉拉迷別忘了來拍照留念。一旁開設了LAWSON超商的第一間戲劇票務專賣窗口，影迷可以在此預訂到特別座位的電影或戲劇票，以及哥吉拉相關產品。

（左）「HMV&BOOKS HIBIYA COTTAGE」以電影、戲劇為主題。
（右）寶塚歌劇迷在這兒能找到介紹喜愛演員的書籍雜誌。

INFO

HMV & BOOKS HIBIYA COTTAGE

ADD 東京都千代田區有楽町1-2-2
HIBIYA Chanter 3F
TIME 11:00-20:00
WEB www.hmv.co.jp/fl/34/71/1/

「日比谷哥吉拉廣場」地標
是一尊哥吉拉雕像。

在這裡可以找到女性作家、劇本家、
攝影師等專門職業的相關作品。

C

銀座東急廣場：日本美學與時尚的華麗結合

銀座東急廣場（Tokyu Plaza Ginza）建築外觀非常搶眼，以玻璃帷幕包裹起來的建築構造，是採用了日本傳統工藝「江戶切子」（玻璃）爲主題，呈現出「光之器」的造型。走進室內，細心的人會發現內部裝潢在很多小角落，處處充滿低調卻有畫龍點睛的細節設計。例如在B2F的飲食街牆壁上，驚喜地發現竟使用了富山縣百年老店「FUTAGAMI」製作的眞鍮金物鍋墊作爲幾何排列裝飾，暗喻著日本設計工藝品與食文化的親密呼應。

Photo by TOKYU PLAZA GINZA

INFO

銀座東急廣場
ADD 東京都中央區銀座5-2-1
TIME 11:00-21:00
餐飲至23:00
WEB ginza.tokyu-plaza.com

① LAMMFROMM

遇見奈良美智與草間彌生

3F

專賣日本藝術家奈良美智、草間彌生等人的原創周邊商品店。除了在如六本木之丘等其他間美術館裡附設的商店以外，目前東京只有在這裡，商品種類最齊全。

專賣日本藝術家奈良美智、草間彌生等人的原創周邊商品店。

② Spiral Market、TOUCH & FLOW

文具禮品專門

B1

地下一樓以文具、禮品和生活用具方面為主。喜歡的店家包含了「Spiral Market」設計文具店，總店在青山，東京車站前的KITTE一樓也有分店，過去在《東京，半日慢行》當中也有詳細介紹過。另外則是「TOUCH & FLOW」這間文具店。這間店是中目黑「Traveler's Factory」旅人文具店的總公司midori開設的店家，有很多其他文具店不容易買的筆和筆記本，值得一逛。

「TOUCH & FLOW」有很多其他文具店不容易買的筆和筆記本。

③ 數寄屋橋茶房
氣勢開闊的玻璃中庭

6F 中庭

銀座東急廣場六樓的中庭相當漂亮，從外面仰望的玻璃建築，在這裡可以從內部換另外一個角度欣賞。高達二十七公尺的挑高空間，盈滿著穿透感，視野極佳。在這裡有免費休憩的座椅區，另外還有一間頗爲推薦的「數寄屋橋茶房」，提供充滿和風氣氛的日式餐廳與甜點。

餐點菜色由銀座名店「六雁」的主廚秋山料理長監製，結合傳統與現代，爲和食打造出色香味俱全的新鮮感。

飲品部分，除了有香醇的日本茶之外，還有OBSCURA COFFEE ROASTERS所監製，爲本店打造出來的數寄屋橋原創咖啡。週末人多，平日中午或午後，很推薦在此悠閒小憩。

1 數寄屋橋茶房就在巨大的挑高玻璃中庭之下。

2 OBSCURA COFFEE ROASTERS為本店打造數寄屋橋原創咖啡。

3 餐點菜色由銀座名店「六雁」的主廚秋山料理長監製，結合傳統與現代，為和食打造出色香味俱全的新鮮感。

④ Find Japan Market 大和文化品牌專區

6F
7F

特別推薦六至七樓「Find Japan Market」專區。標榜「發現日本」的主旨，進駐的店家幾乎都是日本製品牌，充滿大和文化特色，有很多職人手作的設計生活雜貨。

以下在六樓幾個專櫃是我特別喜歡的，包括了生活選貨店「COOP STAND」；花紋染布(風呂布)「濱文様きめ」；來自京都東山的人氣刺繡小店「京東都」的東京初出店。用充滿傳統風采的精緻刺繡，製作成各種和風小物，只要用熨斗就能燙到衣物上，尤其喜歡百鬼夜行系列的刺繡；以及繽紛可愛的領帶店「graffe」。

新型態的東急手創館HANDS EXPO位於七樓，以跳蚤市場攤位的形式，區分出各自有特色的小物店家，幾乎都是日本特色伴手禮和傳統職人商品。同樓層附設的咖啡館，靠窗的位子視野很好。

1

3

2

1 HANDS EXPO同樓層附設的咖啡館，靠窗位子視野很好。
2 「graffe」的領帶繽紛可愛。
3 來自京都東山的人氣刺繡小店「京東都」，用傳統風采的精緻刺繡，製作成各種和風小物。

D

D

GINZA SIX：置入銀座狹巷風格的商場

室內設計師Gwenael Nicolas在規劃GINZA SIX內部空間時，想像在這裡逛街時，能有漫步在銀座街衢的情調，因此適度地移植「路地裏」（小巷子）的狹路風格，融合進室內通道的動線裡。

LITTLE NOTE

關於GINZA SIX的設計團隊

●LOGO設計識別系統
原研哉

一九四九年生，日本中生代國際級平面設計大師、日本設計中心董事、武藏野美術大學基金會教授，無印良品藝術總監。

●建築設計
谷口吉生

一九三七年生，曾於建築師丹下健三事務所任職，主要建築設計作品有「東京都葛西臨海水族園」、「東京國立博物館法隆寺寶物館」、「紐約近代美術館」、「京都國立博物館平成知新館」等。

●室內設計
Gwenael Nicolas

一九六六年生於法國，以東京為據點，設計作品領域寬廣，從室內設計、建築、化妝品到視覺設計，作品遍布海內外。

INFO

GINZA SIX
ADD 東京都中央區銀座6-10-1
TIME 商場&餐飲10:30-20:30
蔦屋書店&6F餐飲10:00-22:30
WEB ginza6.tokyo

Photo by 繁田愉

① 京都中村藤吉本店

關東初出店

4F

「中村藤吉本店」創業於一八五四年，是京都宇治代表性的老舖茗茶店。這次在GINZA SIX開設的茶館，除提供優質的日本茶以外，更重要的就是有他們家美味到不行的甜點和餐點。招牌人氣甜點包括用紅豆和白玉層層相疊的「抹茶丸十芭菲」（まるとパフェ抹茶）和使用香濃福吉茶製成的「福吉茶丸十芭菲」（まるとパフェ焙じ茶）。另外還有夏季限定產品，宇治抹茶刨冰。

中村藤吉的甜點和餐點美味到不行，招牌人氣甜點包括用紅豆和白玉層層相疊的「抹茶丸十芭菲」等。

CAFE EUROPE櫃檯提供少數幾個櫃檯座位，也可在現場享用。

② CAFE EUROPE

睽違百年回歸！

B2

銀座是日本咖啡店文化的中心發源地，一九二〇年在西方咖啡館引進東京的年代，有一間被譽爲「最棒的咖啡館」的傳奇性店家「CAFE EUROPE」，在睽違將近一百年後終於復活，回歸繁華銀座大街！地點就在GINZA SIX。

睽違百年的CAFE EUROPE在GINZA SIX復出的店面櫃檯，仿照當年的店家樣貌重新再現。主要是以外帶爲主，提供少數幾個櫃檯座位，也可在現場享用。

店舖所提供的咖啡，是由知名咖啡師川島良彰所監製，選用來自中美和非洲農園三種類製成的綜合咖啡豆。另外推薦以川島良彰調配的綜合咖啡所製成的「銀座咖啡凍」和泡芙、蛋糕等甜點，在咖啡之外更是値得一吃的產品。「銀座咖啡凍」另外還有價格稍高的版本，是連同印有CAFE EUROPE店徽的紀念馬克杯一起販售。

③ 觀世能樂堂

史努比聯名周邊商品受矚目

B3

日本傳統能樂當中最大流派「觀世流」的演出場所「觀世能樂堂」選在此作爲傳統表演藝術推廣之處。不懂戲劇也沒關係，來逛逛獨家販售的史努比聯名話題商品吧！「觀式能樂堂×SNOOPY聯名合作周邊商品」讓史努比變成穿上古裝的演出人物，出現在L型資料夾、票夾、便條紙、帆布包、束口袋、別針、鑰匙圈等小物上，是史努比粉絲不能錯過的據點！

日本傳統能樂當中最大流派「觀世流」選在此作為傳統表演藝術推廣之處。

④ #0107 PLAZA・中川政七商店・CIBONE CASE・MARK'S STYLE TOKYO

風格設計商品店

4F.5F

喜歡生活雜貨小物和設計商品的人，館內有四間店是我推薦不可錯過的地方。分別是#0107 PLAZA（4F），這間是PLAZA的升級版，店內選貨以銀座成熟的客層爲目標，有許多高級精緻的生活與食用品，多以國外品牌爲大宗；已經很多人都熟悉，來自奈良的中川政七商店（4F），以日本製和風雜貨、小物、衣飾和各種生活用品爲主；另一間則是CIBONE CASE（4F），這間店賣的日本風格商品，走的是極簡俐落風，單價比中川政七稍高，富含大人味，有許多美麗的食器；最後則是MARK'S STYLE TOKYO（5F）這間設計商品店，網羅的則是世界各國的設計品，主要類型落在文具、室內飾品和提包等產品。

E 銀座・蔦屋書店：在書與非書之間用藝術啓發生活

「銀座・蔦屋書店」的定位是藝術和日本文化領域，在藏書方面，除了一般性書籍和雜誌以外，更集中在藝術、設計、攝影、時尚面向，號稱約有六萬冊左右豐富的藝術叢書。

主要空間分成四大區塊。第一大區塊是書籍區，種類包含了雜誌、文學書、建築與設計、攝影、日本美術、西洋美術、藝術、文具和所謂「大型本」的BIG BOOK。大型本BIG BOOK指的是約50×70公分以上，重約四十公斤的大型書籍。這裡是日本目前唯一收集約五十本藝術大型本的書店，不僅販售，也成爲書店的特殊風景。

這裡是日本目前唯一收集約五十本藝術大型本的書店。

第二大區塊是日本文化專區。銀座向來以世界踏進日本的玄關自居，故在到訪客層的設定上，自然也要照顧到希望理解日本文化的外國旅人。第三大區塊是EVENT SPACE多功能空間，位置就在四面大書架圍起的中庭。這裡會定期舉辦各種展覽與活動，平常則會擺放桌椅，讓讀者可以拿著想看的書，再從一旁的星巴克外帶一杯咖啡，靜靜的坐在這裡閱讀。第四區塊是星巴克咖啡，在長條形穿透感的咖啡空間裡，書架上的書，都可以拿到座位上閱讀。前半段空間最受歡迎的，是半開放式的四人座獨享空間；後半段最具人氣的，是提供特殊咖啡豆飲品的「STARBUCKS RESERVE BAR」座位。

銀座・蔦屋書店還首次推出了自家原創品牌的日本酒，及各種銀座店限定產品。中庭廣場會定期舉辦展覽和體驗日本文化的活動。

銀座・蔦屋星巴克咖啡前半段空間最受歡迎的，是半開放式的四人座獨享空間。

INFO

銀座・蔦屋書店

ADD 東京都中央區銀座6-10-1 GINZA SIX 6F

TIME 10:00-22:30（不定休）

WEB store.tsite.jp/ginza/

(上) 四面大書架圍起的中庭。這裡會定期舉辦各種展覽與活動，平常則會擺放桌椅，讓讀者可以拿著想看的書閱讀。
(下) 銀座．蔦屋隨處可見舒適的閱讀空間。

赤車

「銀座・蔦屋書店」的定位是藝術和日本文化領域。

GINZA PLACE的建築外觀，由代官山T-SITE（蔦屋書店）的設計公司Klein Dytham architecture所操刀規劃。

GINZA PLACE：眺望四丁目路口的下午茶

東京有幾個十字路口特別有名，除了澀谷以外，銀座三越百貨、和光百貨的四丁目十字路口也常出現在日劇、新聞或情報雜誌的畫面。在這個十字路口上，有一棟潔白亮麗，充滿設計感外壁的高聳建築名爲GINZA PLACE。喜歡代官山蔦屋書店的朋友應該會感到有點熟悉。GINZA PLACE的建築外觀設計，正是由代官山T-SITE（蔦屋書店）的設計公司Klein Dytham architecture所操刀規劃的。以「FRETWORK」（透射雕刻）的技法爲主題，將日本傳統工藝的美，展現出大樓外貌的表情。

GINZA PLACE的一至二樓是NISSAN汽車的展示空間，三樓是咖啡甜點空間「RAMO FRUTAS CAFE」，可以在此一邊用餐一邊眺望銀座四丁目街景。RAMO FRUTAS CAFE由餐飲企劃公司Cafe Company所營運，菜單強調以各類型水果製成的果汁、甜點和健康餐點，適合現代人補給營養的美味菜單。四至六樓則是SONY產品的展示銷售據點，從4K技術電視到VR虛擬實境和最新相機等等，一網打盡SONY生產線上最受歡迎的產品。

（左）可以在「RAMO FRUTAS CAFE」一邊用餐一邊眺望銀座四丁目街景。
（右）GINZA PLACE四至六樓是SONY產品的展示銷售據點。

INFO

GINZA PLACE

ADD　東京都中央區銀座5-8-1
TIME　SONY 11:00-19:00
RAMO FRUTAS CAFÉ 10:00-21:00
（L.O.20:00）
WEB　ginzaplace.jp/

G LOFT：座落於銀座巷弄大樓裡的繽紛世界

自從LOFT有樂町店搬遷到銀座現址以後，原本的路面店就變成三樓至六樓的店舖。以前在有樂町時，可能有很多人是剛好經過就去逛一下，或是去無印良品有樂町店以後，順便去LOFT晃晃，但現在藏在銀座巷弄裡的店面，又得爬到三樓才是入口，會到訪的對象，就可說是眞正喜歡LOFT，特地爲它而來的客層了。

藏在銀座巷弄大樓裡的銀座LOFT共有四個樓層，號稱LOFT旗艦店。

藏在銀座巷弄大樓裡的銀座LOFT共有四個樓層，面積千坪以上，號稱LOFT旗艦店。LOFT表示，全新開幕的銀座LOFT站在日本潮流的中心「銀座」，希望能將日本最好、最棒、最有趣，同時也最具日本特色的雜貨，從這裡向整個東京、日本、亞洲甚至全世界發信。

對我來說銀座LOFT有幾個值得一提的特色，包括四樓咖啡器具賣場有常設的快閃店專區，邀請日本全國各地知名的咖啡店駐點，定期替換。因此每次你來，都可在此喝到不同店家的咖啡，買到在此期間限定販售的咖啡豆。

另外是五樓文具區，有集合世界各種特色鉛筆的「PENCIL BAR」，來自世界各地的二十多個鉛筆品牌在此匯聚一堂，當然也包括鉛筆周邊的橡皮擦、筆套、削鉛筆機等相關產品。六樓則有紐約現代美術館「MoMA Design Store」以精選小店Kiosk身分進駐，奈良美智與MoMA合作的產品，都能在此買到。

INFO

銀座LOFT

ADD 東京都中央區銀座2-4-6 3F-6F
TIME 11:00-21:00
WEB www.loft.co.jp/shop_list/detail.php?shop_id=407

(上)「PENCIL BAR」有來自世界各地的二十多個鉛筆品牌在此匯聚一堂。
(下)「MoMA Design Store」以精選小店Kiosk身分進駐，奈良美智與MoMA合作的產品，都能在此買到。

H MUJI HOTEL：無印良品世界旗艦店

二〇一九年春天，無印良品全新世界旗艦店在銀座誕生，同時這裡也將有日本第一間MUJI HOTEL進駐。地下一樓至地上六樓是世界最大的「無印良品」賣場，總面積超過三千三百平方公尺。六樓至十樓則是萬眾矚目的「MUJI HOTEL」。雖然MUJI HOTEL已在中國大陸率先開幕了，但這間MUJI HOTEL將會透過先前營運的經驗，淬煉出更上一層樓的設備與服務，完整呈現在東京銀座。飯店營運由UDS株式會社負責，良品計畫則提供飯店概念規劃，監督內部設計，並在飯店內採用無印良品的家具和備品，滿足無印迷睡在MUJI世界的願望。

Photo by MUJI HOTEL

MUJI HOTEL
無印良品銀座店

INFO

ADD 東京都中央區銀座3-103

WEB hotel.muji.com/ja/

MUJI HOTEL無論座落在哪一座城市，客房呈現出的風格，都有著無印良品的一致感。圖為MUJI HOTEL BEIJING。(Photo by 吳家宜)

LITTLE NOTE

期 間 限 定

GINZA SONY PARK

把銀座變成一座植物園

知名園藝師‧西畠清順規劃出的「アヲ GINZA TOKYO」，放置來自世界各國的特殊植物。

地下樓層闢為路人休憩空間。

矗立了半個世紀的Sony Building在2017年拆除，未來將在原址興建新Sony大樓。不過在蓋樓以前，從2018年8月到2020年秋天為止，原址不興建任何建築，Sony在銀座這塊地價奢侈的中心地，打造出了一座公共空間的都會公園GINZA SONY PARK。

地上的公園，聘請知名園藝師西畠清順規劃出「アヲ GINZA TOKYO」，放置來自世界各國的特殊植物，錯落在高低階的平台上，讓路人逛街逛到一半，就不自覺地踏入綠色小徑，一秒瞬間移動進一座都會裡的開放式植物園。

地下樓層開設了幾間新店，包括有藤原浩企劃的THE CONVENI，以便利商店賣場的形式並仿造食物包裝，陳列販售T恤等各式選物店；有可以吃到香港點心的MIMOSA GINZA；羊羹老舖經營的虎屋TORAYA CAFÉ · AN STAND、啤酒專門店BEER TO GO以及活動展演空間。

Sony希望藉著這個計畫能跟大家共同思考公共空間活用的可能性。從地上公園到地下四樓，在垂直小路的散步動線中，讓銀座不只匯聚購物人潮，也產生人和環境的互動性。

INFO

GINZA SONY PARK

ADD 東京都中央區銀座5-3-1

OPEN 2018年8月9日至2020年秋

TIME 5:00-24:30

佃島
月島

人情下町島散歩

AREA
6

TOURIST SPOT

月島站

地下鐵有樂町線、都營大江戶線

佃島

- A 佃煮御三家
  - 1 天安木店
  - 2 佃源田中屋
  - 3 丸九
- B 星時計
- C 波除於咲稻荷大明神
- D 佃小橋
- E 住吉神社
- F 佃天台地藏尊

月島

- G 月島西仲通商店街
- H 月島探幽小路
  - 1 貓屋
  - 2 月島溫泉·月島觀音
  - 3 月島交番所

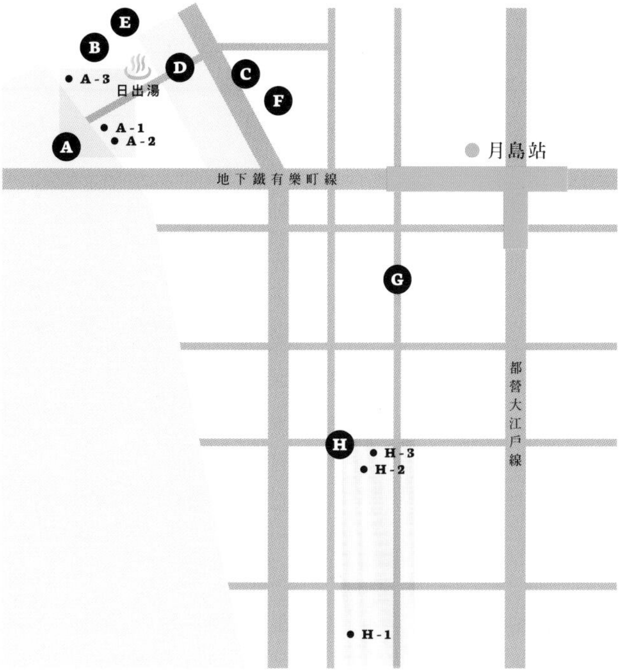

東京鬧區裡的島嶼？
新舊樓房最極端的東京？
百年前塡海而成的人工島，
如今充滿灣岸的摩天高樓群。
最奇特的是夾在底下的小路，
仍保留著老街下町風情。

東京的東邊區域，特別是隅田川兩岸，近年來有傳媒冠上「東東京」的稱謂，彷彿讓這一塊江戶開發得最早的老地方，頓時注入新意。在這所謂「東東京」裡最熱門的區域，莫過於近年來躍升爲文青眼中咖啡激戰區的清澄白河了。

都說清澄白河是下町，但我覺得眞要感受這一帶的小鎭氣氛，應該往南走。穿越門前仲町，來到佃島和月島，才會發現這裡保留著更濃厚的東京下町風情。

探訪藏在市區裡靜謐的錯綜小路，做個有「空氣感」的東京生活散步人，那麼佃島和月島，這塊東京都內最具人情味的「島」，絕對也是「東東京」散策中，不能錯過的地方。

佃島

四百年前開發之新生地

佃島，靜靜的，密封著一份，開創時代卻不被時代洪流給淹沒的個性。

佃島這個地名，想必很陌生？但要是說起月島，聽過的人就多了。與大阪燒齊名的「月島文字燒」是東京的名物，即使在台灣也能常見到掛著以「月島」為名的文字燒餐廳。而佃島，其實就是月島西北端的一小部分。

既然是一部分，為何要獨立出來一個島名呢？原來這一帶，包括月島在內，多為海埔新生地。佃島的誕生，其實是最早的。從前，東京灣存在許多破碎的沙洲，直到四百多年前，德川家康建立江戶城時，召來關西的漁民遷居至此，才開始將這一代的沙洲填出陸地來居住，於是，佃島才有了最初的雛形（如今的佃一丁目區域）。往後經過很多年，填海工程繼續進行，佃島的面積也愈來愈大。江戶幕府時代結束，到了明治年間，月島才以海埔新生地的姿態出現，遂與佃島連成一體。雖然現在月島的名氣比佃島來得大，但其實都是從佃島生出來的呢。

之所以說佃島保留更濃厚的下町老街風情，是因為佃島幸運地躲過兩次大戰的空襲，也沒有被幾次歷史上的大地震給摧毀。

我喜歡佃島，正因為走在佃一丁目區域，多還是看見留存著百年前闢建的細窄街衢。傳統的木造老房亦然健在，在那之中，可以找到昭和風味的雜貨店（柑仔店），甚至還有創業將近一百八十年的歷史老舖。

明明是屬於東京都心繁華的中央區，卻彷彿有著自成一格的生活。無論是店家的老闆，或小巷中行走遇見的居民，他們的臉上都寫滿悠緩步調的表情。老人家與路過的陌生人攀談或打招呼，也是稀鬆平常的光景。

佃島距離人煙雜沓的銀座和築地市場非常近。可惜大多數的旅人，腳步就停在築地，不再往前了。隔著隅田川，只要跨過一座橋，就能一反對東京既定的印象。佃島，靜靜的，密封著一份，開創時代卻不被時代洪流給淹沒的個性。

A 佃煮御三家：從佃島漁民起源的平民美食

喜歡吃日本料理的人，特別是以飯類爲主的和食菜色，應該會注意到常常在主菜、配菜、米飯和味噌湯旁，還會放上一小盤類似於小菜的東西。它們不是沙拉，也並非鹹鹹的醃菜（漬物），而是吃起來口味帶點甘甜醬油味的佐飯配料，稱之爲「佃煮」。

佃煮的發源地，正來自於佃島。因起源地而得名的這項日本食文化，必然也是來到佃島散步時應該體驗的行程吧。佃煮的材料最初是以海產中的昆布、小魚等來製作，另外也有菇蕈類，甚至近來也有牛肉的佃煮。

德川家康開發江戶之際，許多移民到佃島居住的漁民，爲了出海時能帶上賞味期限較久的食物，故以醬油、糖等調味料浸漬食材，並加水以後熬煮收乾，再放到罐子中保存。外出捕魚時帶著這些保存期較久的食物，彌補缺乏食物的海上生活。後來佃煮從佃島的漁民之間流傳出去，便漸漸走進了一般民眾的家庭。

目前佃島留存的三間佃煮老舖，都創業於十九世紀，被譽爲「佃煮御三家」。其中，最久的一間已有近一百八十年歷史。三間老店分別是天安本店（一八三七年）、佃源田中屋（一八四三年）和丸久（一八五九年）。三間店都集中在佃島一丁目，沿著隅田川畔而立，看光陰如水，送往迎來著百年間的人客。

買個少量的佃煮吃吃看，更重要的，是藉著買佃煮踏進店舖的日式老屋。極具歷史感的建築，從裡到外，從光線的透射與盈滿的空氣中，讓佃煮都尚未入口，便已品味了時間的滋味。佃煮老闆和職人的應對進退，自然也是流淌著下町的淳樸情緒。

INFO

天安本店
ADD 東京都中央區佃1-3-14
TIME 9:00-18:00
WEB www.tenyasu.jp/index.html

佃源田中屋
ADD 東京都中央區佃1-3-13
TIME 週一至週六 9:30-17:30
週日及假日 10:00-17:00
WEB shinonometown.com/?p=1436

丸久
ADD 東京都中央區佃1-2-10
TIME 10：30-18：00／週三公休
WEB marukyu-tsukudani.com

1 天安本店是歷史最悠久的佃煮店舖。

2 到田中屋買個少量的佃煮吃吃看，更重要的，是藉著買佃煮踏進店舖的日式老屋。

3 丸九老鋪。

B 星時針：美食咖啡廳

買完佃煮，在佃煮屋不遠處，有一間外牆布滿綠色植物，店面低調的小咖啡館，名爲「星時計」。附近的佃煮屋保存著江戶和風，但這間咖啡館卻一轉風格，像是會出現在國外的咖啡小店。店名很美，店內以許多古董風的家具與裝飾爲譜，很有大正浪漫時期的日式優雅洋風。雖然說是咖啡館，不過其實有如餐廳。除了咖啡跟甜點以外，也提供牛筋醬汁飯和各式海鮮飯。最受歡迎的是鮪魚蓋飯，不過僅在週一、三、五的三天中午供應。

「星時計」很有大正浪漫時期的日式優雅洋風。

INFO

星時計

ADD 東京都中央區佃1-2-10

TIME 週一至週五12:00-15:00 ／ 19:00-22:00

週六12:00-16:00 ／週日公休

C

波除於咲稻荷大明神：共用鳥居的兩座小神社

佃島共有三座知名的神社，其中一處是同樣位於佃小橋附近的波除於咲稻荷大明神。

波除於咲稻荷大明神這名字很奇怪？其實是兩座小神社的合稱。原名應該分別是波除稻荷神社、於咲稻荷神社。

小小的一塊地方同時存在兩座神社，重點是還共同分享一座鳥居牌樓，算是很稀有的事。

INFO
波除於咲稻荷大明神
ADD　東京都中央區佃1-4-4

小小的一塊地方，同時存在兩座神社，還共同分享一座鳥居。

D 佃小橋：一幅懷舊的江戶風情畫

去月島的人，大多是搭乘地下鐵從月島站出來後，就直奔文字燒的店家大快朵頤，很少有人會往佃島的方向走。然而，正因爲被遺忘了，才讓佃島比起月島來說，更能散發出毫無觀光商業氣息的日常風情。

我所喜歡的佃島，主要的散步區域，集中在佃一丁目。前往的方式有兩種。一種是從地鐵月島站下車後，逆行往佃大橋的方向走，佃一丁目就在橋下；另一種則是從築地市場的方向來，穿過築地旁的新富町以後，走上佃大橋，步行約十分鐘，一下橋就是佃島。

有佃大橋，也就有佃小橋。從隅田川引流而進的水路，在一丁目的街衢中，架出一座古色古香的紅色小橋，即爲佃小橋。我特別喜歡以佃小橋爲中心，從各個角度注視佃島。佇立在水路的南邊往前望，看見佃小橋旁的垂柳下停泊著小舟，是一幅懷舊的江戶風情畫。然而，眼光再放遠，襯著的背景卻出現佃二丁目的摩天高樓，瞬間，在新舊雜處的落差中，引出一股魔幻城市的衝擊趣味。

佃小橋襯著的背景是佃二丁目的摩天高樓，引出一股魔幻城市的衝擊趣味。

E 住吉神社：庇佑航海安全

往佃小橋的西邊走，有一座住吉神社。住吉神社是大阪佃住吉神社的分社，歷史悠久，早在一六四六年，填海出現佃島後的翌年就建立。

百年前的江戶時代，漁產商業船隻從東京灣進來，沿著隅田川，從佃島和對岸的湊區上岸。住吉神社供奉的神明，便是保佑航海安全的守護神。這裡每三年會有一次大祭典，是佃島盛事。在神社境內會發現不少列爲文化保護財產的紀念碑，其中刻有佃島周邊生活的浮雕，充滿藝術價值。

INFO

住吉神社

ADD 東京都中央區佃1-1-14

WEB www.sumiyoshijinja.or.jp/sumiyoshi.html

住吉神社供奉保佑航海安全的守護神。這裡每三年會有一次大祭典，是佃島盛事。

F 佃天台地藏尊：保佑小孩的神明

佃島三座知名的神社中，另一座則是藏在狹窄細路裡的佃天台地藏尊。會用「藏」這個字，一點也不爲過，因爲這座神社確實隱藏在兩幢民宅之間的隙縫裡。從促狹的入口側身走進，佃天台地藏尊就在細路正中央的位置。

不可思議的秘密空間，是來到這裡的初步感受。在此地奉祀的地藏尊，主要是保佑小孩的神明，家裡有小孩子的朋友，不妨前來一拜。

小小的神社內最引人注目的，當屬高聳粗大的銀杏樹，貫穿了境內的空間。連神社的屋頂，也順著樹幹的走向而讓出一個彎道來。這株銀杏據說已有百年歷史，如今與住宅和神社共存，頗有天人合一的況味。

想起台灣，總會有因爲建築工程而任意砍伐樹木的事件出現。人本來就應該盡量順著自然而居，過度的改變自然而服從自己的需求，就是自私。在自私的環境中生活，又怎能擁有一顆寬闊的心胸呢？站在天台地藏尊的銀杏樹前，沈穩的老樹，帶來一股神秘的安定感，我不由得思考起這些事來。

(上) 佃天台地藏尊隱藏在兩幢民宅之間的隙縫裡。
(左) 小小的神社內最引人注目的，當屬高聳粗大的銀杏樹，貫穿了境內的空間。

INFO
佃天台地藏尊
ADD　東京都中央區佃1-9-6

LITTLE NOTE

放鬆一下，佃島錢湯！

最近常覺得，倘若在東京小巷散步，最後走累了，除了安排自己進到一間個性咖啡館休息以外，還有另外一個方式，就是不如尋找一間藏在住宅區裡的庶民錢湯（日式澡堂）來泡個湯。

就在住吉神社附近，佃小橋旁有一幢看來有些年份的老公寓，上面矗立著一根醒目的大煙囪，想必樓下一定有間錢湯了。繞過一樓的一間中餐館，轉角便看見這間名為「日出湯」的大眾澡堂。過去客層以周圍的年邁長者居多，近來這一帶成為慢跑者的熱門路線，週末時也多了不少年輕人的面孔。

（關於「日出湯」，詳見〈東京錢湯巡禮〉p260）

月島

文字燒的香氣、被美化的島名

從佃島走回地下鐵月島站的出口，立刻就會見到在出口矗立了一個古意盎然的路標，寫著「月島西仲通商店街」的標示。

始終都覺得月島實在是個很美的名字。顧名思義，月島應該形狀長得像是月亮吧？是滿月、上弦月、還是下弦月呢？很可惜，月島雖然是一個狹長的島，但跟月亮的形狀沒有太大關係。

其實月島最初的名字叫做「築島」，因為這裡完全也就是一塊海埔新生地。數百年前，從江戶幕府後期開始到明治年間，將東京灣口破碎的沙堆，慢慢填出來、建築出來的一塊人造島。日文中「築」字的發音跟「月」相同，因此後人為了美化地名，才想到用「月」字替代。當然也因為早期這裡的高樓不多，從這裡仰頭眺望海上明月特別清晰吧，故把築島改稱月島，就更順理成章了。

最初知道月島，不是因為月島名物文字燒。而是從《池袋西口公園》作者石田衣良的另一部直木獎得獎小說《4TEEN十四歲》得知的。以月島為故事背景的這部作品，將幾個青少年生活描繪得非常生動，同時也帶出不少月島場景。多年前，我第一次踏上月島，其實是為了見證小說舞台才前往的。

路地裏もんじゃ
もん吉
SAPPORO
路地裏もんじゃ
もん吉
路地裏もんじゃ
もん吉
路地裏
もんじゃ
もん吉
月島小路裡的寧靜生活。

G

月島西仲通商店街：「文字燒」街

月島和佃島連成一片，從佃島走回地下鐵月島站的出口，立刻就會見到在出口矗立了一個古意盎然的路標——「月島西仲通商店街」。這條西仲通就是赫赫有名的「文字燒」街了。

對日本食文化不陌生的人，幾乎都知道大阪燒吧。文字燒的吃法類似大阪燒，不過作法跟吃法不一樣。大阪燒最後會煎出麵皮爲底的煎餅，文字燒則不會煎出一張餅來，而是直接從鐵板上拾起，零碎入口。最特別之處，就是吃的時候不用筷子，用小小的鍋鏟，把文字燒戳起來吃。不過，請別著急！要吃出文字燒的靈魂，得是要有點耐性的。最好的時機，是等待文字燒稍微在鐵板上結出鍋巴來，用小鐵鏟把鍋巴一起戳起來吃，才是美味。

台灣人很早以前就接觸到大阪燒這項日本料理了，文字燒比較陌生一點。近十年來，台北街頭也出現不少標榜文字燒的餐廳，因此文字燒愛好者也愈來愈多。喜歡文字燒，或者沒吃過想試試看的話，那麼來到東京，當然要朝聖一趟有文字燒故鄉之稱的月島囉。

月島西仲通商店街非常長，幾乎整條街上開的店家，都是文字燒店。到底該吃哪一家呢？實在眼花撩亂。說眞的我嘗試過好幾間，結論是其實吃起來都差不多。到最後唯一的選擇標準，倒是跟口感無關，而是店家鐵板座位上，有沒有設置通風良好的抽風機？如果沒有的話，那就跟烤肉時沒有抽風是同樣的道理，等吃完以後，你就會因爲全身都是油煙味而愁眉苦臉。所以啦，進去餐廳前，比看菜單更重要的一個小撇步，就是千萬別忘記先在門口，瞄一下店裡座位上的設備。鐵板上沒有抽風機的，請默默退出，選別間！

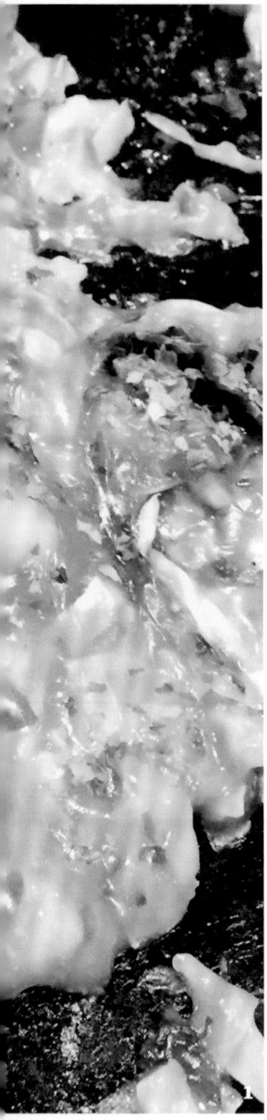

1

INFO

月島西仲通商店街

WEB　www.tsukinishi.com

1 要吃出文字燒的靈魂，是等待文字燒稍微在鐵板上結出鍋巴來，用小鐵鏟把鍋巴一起戳起來吃，才是美味。

2 推薦商店街裡的這間現烤菠蘿麵包店。口感蓬鬆，外皮酥脆，令人不自覺就吃掉一整個麵包。

3 在築地篇章裡介紹過的LIVE COFFEE，這裡也有店家。以外賣咖啡豆為主。

G

H 月島探幽小路：月島溫泉與最古老交番

「去月島除了吃文字燒以外，難道就沒有別的事情好做了？」不僅是沒去過月島的台灣人，就連身邊去過的日本朋友，經常都會這麼問我。因爲走在「西仲通商店街」上，確實放眼望去，整條街幾乎只有文字燒餐廳而已，然而，月島並不是只有文字燒店而已。放慢腳步，將目光從文字燒店移開之後，甚至鑽進一條條的小巷弄中，就會撞見不少意外的驚喜。

對我而言，月島最有趣的地方之一，正是那一條條從西仲通岔出去的小街衢了。建築與建築之間的巷弄，細長狹窄，每一條巷子都是迴異的模樣。那些岔路小巷，日文中所謂的「路地裏」，從入口窺看，總是向前延伸著，彷彿不知盡頭何在。兩側的建築物，隨視線愈來愈遠，彷彿愈來愈親密。最後像是靠在一起了，同心協力的，夾起一片湛藍的天。有時是靜謐民宅的生活風情，家家戶戶在門前或二樓陽台擺滿綠化盆栽；有時則是開在巷弄裡的店家，層次交疊的招牌，夜裡閃著各色的光，以爲走進去就會通向奇異的國度。

① 貓屋 只在週末營業的小店

小巷中，偶見貓咪行走的蹤跡。幾隻嫻熟於「被看」的貓咪一點兒也不怕生，照片任人拍，窩在巷弄裡的高台上，只顧著慵懶自在的睡。倘若喜歡貓咪相關小物的旅人，可別錯過在西仲通尾端的某條岔巷，藏有一間專賣小貓飾物的「貓屋」。這間「貓屋」只在週六、日營業，且只有中午十二點到傍晚六點。地點隱密，很難確切形容，所幸每逢營業時，店家會在西仲通上的小巷入口，放上一塊小立牌，循著走進就能見到。

INFO
貓屋
ADD　東京都中央區月島 3-20-3
TIME　12:00-18:00，僅在週六、週日營業

每逢營業時，貓屋會在西仲通上的小巷入口，放上一塊小立牌。

② 月島溫泉·月島觀音

紓緩遺失的愁悵

在西仲通商店街的中段，有另外一條小巷，入口的上方標示著「月島溫泉」與「月島觀音」。走進小巷到尾端，就會看見這座供奉觀音佛像的小廟。一九五一年創立的月島觀音，正式名稱是「信州善光寺別院本誓殿・月島海運觀世音」，專管海運順利、回復健康以及找回遺失物。最後一項，保佑找回遺失物最爲有趣。所以老是丟三落四，東西找不到的人，不妨來拜一拜。不知遺失物的定義到什麼程度呢？是否也包含了失去而想找回的戀情？

月島觀音旁有一座電梯，通往樓上，才是月島溫泉。雖然說是溫泉，但其實並非使用眞正的湧泉，只是一般的錢湯（澡堂）。縱使如此，營業迄今已超過四十年，對附近的居民或上班族來說，來到這裡泡湯，享受到舒放身心的喜悅，也不亞於泡眞正的溫泉。

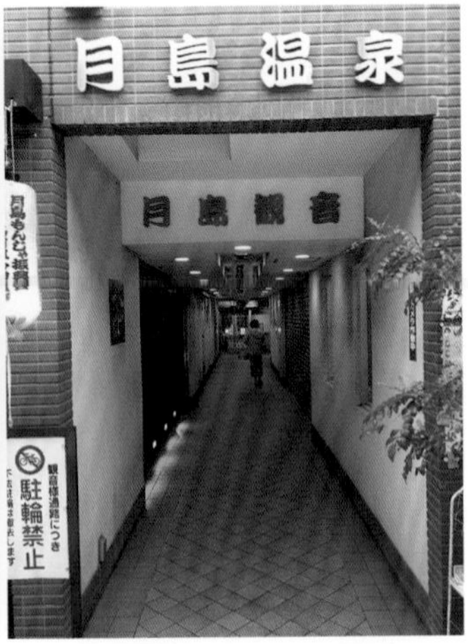

月島觀音旁有一座電梯，通往樓上，才是月島溫泉。

INFO

月島溫泉·月島觀音

ADD 東京都中央區月島 3-4-5 2F
TIME 平日 14:30-23:30
週末、假日 12:00-23:30
WEB tsukishima-onsen.seesaa.net

③ 月島交番所
建築迷必訪，日本最古老的交番

最後，值得一提的是在西仲通商店街上，月島二番街跟三番街的十字路口，有一座造型特殊的「交番所」。

交番指的是交通警察哨站，比較接近我們所謂的派出所。而在月島的這座交番建築，可是來頭不小。這是日本警視廳最古老的一座交番，也是目前東京現存歷史最悠久的交番所。最初乃爲木造建築，設立於一九二一年，到一九二六年改建成鋼筋水泥建築，保留至今。

二〇〇八年以後，派出所功能撤行，此後改爲月島警察署西仲通地域安全中心。喜歡老建築巡禮的旅人朋友們，到月島時，請別忘記來朝聖一番。

月島二番街跟三番街的十字路口，有一座造型特殊的「交番所」。

品川

戸越銀座商店街

關東最長商店街散策

AREA 7

TOURIST SPOT

● 戸越銀座站

都營地鐵淺草線、東急池上線

- A ZACK
- B 瀨尾商店
- C 雞&DELI
- D 後藤蒲鉾店
- E 戸越八幡神社
- F PEDRA BRANCA
- G OMEDE鯛魚燒本舖

● 戸越站

都營地鐵淺草線

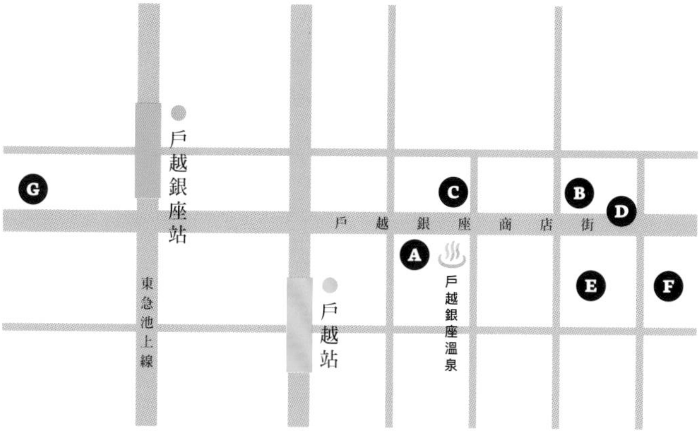

全關東最長的商店街，
店家種類豐富到可以包辦人的一生？
小路裡充滿懷舊感，
凝結出一種老派氛圍的流行。

倘若你曾到過日本各地旅遊，應該會注意到許多地方的商店街，都喜歡取名叫做「○○銀座商店街」。之所以偏愛冠上「銀座」之名，是因爲在過去的年代，對許多東京以外的日本人而言，日本最繁華、最流行的代名詞，就是銀座。根據統計，全日本共有約三百四十五個銀座商店街。光是在東京都就有九十六個銀座商店街，其中聚集最多的地方是北區。從「十條銀座商店街」和「王子銀座商店街」爲首，居然光在北區境內就聚集了十六個銀座商店街！

在這麼多個銀座商店街中，我最喜歡也去過最多次的是「谷中銀座商店街」。但若要論印象最深刻的，則必然屬於「戸越銀座商店街」了。

戶越銀座商店街　最早冠上「銀座」為名的商店街

戶越銀座商店街是全國最早冠上「銀座」爲名的商店街。光是這件事就足以想像，這條商店街的歷史和地位是多麼重要了。搭乘都營地鐵淺草線從五反田站到戶越站，只要九分鐘；搭乘東急池上線從五反田到戶越銀座站，甚至只要三分鐘，交通便捷，距離非常近。

戶越銀座不僅是第一條以銀座爲名的商店街，一點六公里的長度，還是全東京最長的商店街。除了該有的連鎖店家都有之外，更吸引人的是個人經營的老店舖。這些殘存著昭和三十年代光影的商舖，從牛乳店、蔬果店、魚肉店到中古雜貨店，分疊著一分的懷舊感，在現在人的眼中看來，竟都凝結出一種老派氛圍的流行。

池上線的路面電車從戶越銀座站前奔馳而過，在平交道放下的柵欄前，夕陽中沐浴著等候綠燈的居民。我和他們一起駐足等著，忽然也希望跟他們一樣，手上牽起一輛單車。當柵欄升起，也許就能滑出一條不同的生活軌跡。

關東最長的商店街　從食衣住行到育樂樣樣具備

戶越銀座商店街，這條號稱全關東最長的商店街，依照不同的管轄單位，總共分成三條商店街所共同組合而成，分別是戶越銀座商榮會商店街、戶越銀座商店街，及戶越銀座銀六商店街。在全長一點三公里的街道中，聚集共約四百間左右的商店。

1

2

3

日本泡沫經濟高峰期，是戶越銀座商店街最繁華的時代。雖然在那之後，商店街的人潮不如過往，但許多年來在居民、商家與區域振興組合的互助中，還有美食節目與旅遊雜誌的介紹下，這幾年商店街的人潮又有回籠的傾向。

拜訪商店街的這一天，其實只是平日的中午，商店街往來的人，除了居民以外，也能見到循著導覽特地來到的日本遊客。至於外國遊客，這裡還算是一塊未開發的新大陸。來的觀光客仍少，因此得以悠閒的散步，不會被雜沓腳步給干擾。

商店街長，商舖多，各式各樣的店家都能在此找到。我和同行的朋友，一邊逛一邊觀察，最後得出來的感想是：「從生到死的事，這條商店街都能包辦。」包辦人生的商店街，從食衣住行到育樂，從幼稚園到禮儀社，可想而知店家類型的範疇有多大了。

1 戶越銀座商店街交通便捷，搭乘東急池上線從五反田到戶越銀座站，只要三分鐘。

2 跟居民一起駐足在平交道前等電車過去，滑出另一種生活的軌跡。

3 被暱稱為小銀的吉祥物「戶越銀次郎」，在戶越銀座商店街隨處可見。

LITTLE NOTE

日本「商店街」的定義

About SHOUTENGAI

「日本真是一個太有規劃的國家了！」每當我走在日本的任何一條站前商店街時，心中總會升起這股感想。走遍世界各地，雖然其他地方也會遇到站前商店街，可是卻很少看到有另一個國家像是日本這樣的，幾乎在所有的商店街內，從郵局、銀行、書店、麵包店、藥妝店、居酒屋、咖啡館、美容院、按摩院、各種診所，甚至到小鋼珠柏青哥等等，每種類型的商家至少都會有一間店進駐，規劃得非常一致。就好像他們發明出一體成型的Unit-Bath衛浴設備那樣，有一個得以複製的模子也套用到商店街上。

日文中「商店街」這個字眼，指的是不同於澀谷、原宿、新宿或銀座那樣的大商圈，商店街因為是成形於居民聚集的住宅區，所以開設的店家和往來的人潮，都更溢滿著日常的風情。雖然說商店街內的店家，必備的類型整齊劃一，但那並不會使得每條商店街都變得單一乏味。每條商店街，因為地緣關係的不同，都會散發出不同的氣氛。商店街上，當地人或許不以為意的一幅普通風景，對我來說才更有真實生活的色彩。

A ZACK：中古雜貨，什麼都賣！

戶越銀座商店街裡有不少賣中古物品的雜貨屋，像是這間名爲「ZACK」的店家，小小的一間店，塞滿琳瑯滿目的東西，令人佩服。從玩具、飾品、杯具器皿、衣物、電器到文青熱愛的中古黑膠唱片，甚至連「吃角子老虎機」（slot machine）都有，眞是什麼都賣，只能說老闆的野心還眞不小！這些東西被清潔整理過後，重新獲得新生命，一點也不覺得它們是舊的、是被捨棄的，反而讓人覺得它們都有一種重新再站上舞台，充滿自信的姿態。

「ZACK」的店家，小小的一間店，塞滿琳瑯滿目的商品，令人佩服。

B 瀨尾商店：室內居家生活相關物品專賣店

若你對室內設計有興趣的話，來到這裡也能找到不少裝飾居家空間的質感小物。

接下來另外一間名爲「瀨尾商店」的雜貨店，也是我的私心推薦。瀨尾商店是以專賣室內居家生活相關的物品爲主，店內雖然有少部分是中古貨，但仍以新品爲人宗。瀨尾商店其實還是一間客製家具店，依照客人需求，可以製作出獨一無二的原創家具。更特別的是，瀨尾商店還從事整修裝潢的室內設計，以DIY風格爲基礎，爲客人打造出專屬且舒適的生活空間。因此若你對室內設計有興趣的話，來到這裡也能找到不少裝飾居家空間的質感小物。

INFO

ZACK

ADD 東京都品川區戶越2-1-3
TIME 10:00-20:00
WEB www.kobutu.com/shop/zack-togoshi

瀨尾商店

ADD 東京都品川區戶越1-19-18
TIME 11:00-20:00
WEB seoshouten.jp

C 雞＆DELI：雞肉爲主的各種炸物

曾經在日本居酒屋吃過日式炸雞（鶏の唐揚げ）的朋友，一定曾經驚豔，原來雞塊可以被炸得如此多汁有彈性。在商店街中有一間名爲「雞＆DELI」（雞＆デリ）的日式炸雞專賣店，不僅是受到當地居民青睞的小店，更多次被日本美食節目、雜誌介紹，吸引遠道而來的客人前來，已經成爲戶越銀座商店街的代表性美食之一。

日本人眞的是很會炸雞。這間炸雞店其實賣的不只是炸雞塊而已，從雞翅膀、雞胸肉、雞腿肉、軟骨……等等，以雞肉爲主的各種炸物，都是該店美味的招牌菜色。價格從日幣一三〇到五六〇圓不等，十分划算。如果難以決定該吃什麼的話，建議可點日幣四九〇圓的綜合套餐（mix set），另外再加點雞翅膀，就是一餐很豪華的炸雞饗宴了。

一般來說，日本賣炸雞的店家幾乎都是只有外帶，但這間「雞＆DELI」店內則設有座位，看起來很像台灣路邊攤的感覺，多了一分親切感，也算是東京少見的用餐風景。

那麼就來一杯冰啤，大啖炸雞吧！雖然明明知道炸的東西吃多了不好，但這一天心情特好，就別想這麼多了。生活中是否渴望誰來溺愛你呢？在此之前，就先從自己偶爾溺愛一下自己開始吧。

「雞＆DELI」多次被日本美食節目、雜誌介紹，吸引遠道而來的客人前來。

來一杯冰啤，大啖炸雞吧！

INFO
雞＆DELI
ADD 東京都品川區戶越1-16-8
TIME 11:00-20:00
WEB toriand.com

D 後藤蒲鉾店：想吃的黑輪種類全都能買到！

來戶越銀座商店街，建議上午十一點左右到訪，此時商家大多已經開始營業，稍微逛幾間店，隨意散散步，時間差不多就接近該用餐的中午了。逛商店街最開心的事情之一就是在這樣的地方，總不乏美味的道地佳餚。

或許不是美食網站評價超級有名的店家，但我想能一直屹立在商店街裡，肯定就是受到在地居民的青睞吧。有時候美食網站上褒揚的餐飲，其實都比不上在地人的一句推薦。那麼，今天該怎麼選擇吃哪一間在地居民的愛店呢？不得不推薦的是「後藤蒲鉾店」。這間店是昭和四十年代（約一九六五年代）開始營業的黑輪（關東煮）老舖。號稱是「只要你想吃的黑輪種類，這裡全都能買到！」聽起來是相當豪氣的口吻。我想，也只有超過半世紀的老店才敢這麼宣稱吧。當我一站到店家前，就發現那並非誑語。看著店門前擺放琳瑯滿目的黑輪，我和同行友人立刻被吸引住目光，竟忍不住嚥起口水，眞的想要什麼都來一支！

價格實在，口感美味是後藤蒲鉾店多年來廣受愛戴的主因。如日文稱的「薩摩揚」黑輪，還有其他如牛筋等約四十多種黑輪，都只要八十到一百多日圓，相當划算。當地居民常買來作爲晚餐的搭配小菜，回家再重新加熱料理。至於來戶越銀座商店街的旅人，則可挑選店門前熱騰騰的現煮黑輪來吃，或者還可搭配一罐沁涼的啤酒，夏日黑輪，原來也有著不輸給冬日的美好氣氛。

來戶越銀座商店街，可挑選店門前熱騰騰的現煮黑輪來吃。

價格實在，口感美味是後藤蒲鉾店多年來廣受愛戴的主因。

INFO

後藤蒲鉾店

ADD 東京都品川區戶越2-6-8
TIME 10:00-20:00
週二公休
WEB 510oden.com

戶越八幡神社

ADD 東京都品川區戶越2-6-23
WEB togoshihachiman.jp

E 戶越八幡神社：與其說是神社，更像是個小公園

戶越八幡神社藏在一個挺私密的地方，沿著地圖導航走，都得花點時間才能找到。好不容易沿著小巷竄進了，卻又以爲迷途。所幸石階上趴著幾尾慵懶的小貓，像指引的門神，才找到神社入口。

一走進幽靜的神社境內，終於明白貓咪爲何會趴在入口放空了。因爲這座被青蔥包裹的境地，阻絕了商店街的嘈雜，不只讓人也讓貓咪有股瞬間遁入城市綠洲之感。與其說是個神社，更像是個休閒的小公園。境內有竹椅，坐在綠蔭之下，說也奇怪，心情與思緒忽地都飽滿起了沉靜的氣氛。

什麼事也不想做，那麼就順著心意，什麼都不想吧。

別滑手機，別連結網路，窩在這裡靜靜的坐著（可惜不能跟貓一樣隨處趴下）好好休憩一番。忘記工作的聯繫，別管景點的規劃。什麼時候想走就走，當一個忘記時間的鐘，才是一場對得起自己的旅程。

1 這座被青蔥包裹的境地，阻絕了商店街的嘈雜。 **2** 小貓，像指引入神社的門神。

3 與其說是個神社，更像是個休閒的小公園，隨處可坐下休憩。

PEDRA BRANCA：育嬰媽媽的咖啡秘境

東京的咖啡館多到不勝枚舉，但其實台灣近年來也不遑多讓。最大的差別，我想大概在於兩點：一，兩地咖啡館的裝潢可以相提並論，可是在飲食水準上，台灣不好吃的地雷店較多；二，台灣的咖啡館多半在顯而易見的路上，東京則有非常多特殊的咖啡館，是藏在三樓以上，或者是隱匿於若事前不知道，根本一輩子也不會走進去的小巷弄裡。

在戶越銀座商店街裡，就發現了這樣一間咖啡館，名爲「PEDRA BRANCA」（ペドラブランカ）。從戶越銀座站徒步到PEDRA BRANCA大約十分鐘，靠近前面提過的戶越八幡神社。店家所在位置不是在商店街的主要馬路上，而是其中一條岔路裡，而且拐進去巷子中，還得再走上一小段路。如此低調不起眼的地方，反而更增添幾分私密收藏店家名單的價值。

PEDRA BRANCA雖然是間社區小咖啡館，但每逢週末人潮仍然絡繹不絕，甚至得排隊入場。因爲店家現烤的鬆餅頗爲有名，總是吸引許多鬆餅迷在週末特地前來品嘗。兩層厚片鬆餅，上面只放了塊奶油，完全沒有添加多餘的配料，看似過度簡單，但在入口後竟令人回味無窮。這是由於店家製作鬆餅的麵粉，來自日本國產的嚴選原料，因此讓鬆餅不需要其他幫襯，就能充滿自信的展現本身的優質口感。

PEDRA BRANCA委身的樓房是一間老民宅，原本不是爲了開店而建的，經過重新裝潢整修後，呈現當今木質家具搭配潔白牆壁的風

PEDRA BRANCA委身的樓房是一間老民宅，經過重新裝潢整修後，呈現當今木質家具搭配潔白牆壁的風貌。

PEDRA BRANCA現烤的鬆餅頗為有名，總是吸引許多鬆餅迷會在週末特地前來品嘗。兩層厚片鬆餅，上面只放了塊奶油，完全沒有添加多餘的配料。

貌。正因爲內部不像是一般的店家格局，作爲咖啡館使用後，坐在這裡休憩，空間雖然不大，卻比起一般的咖啡館而言，自然而然更有了居家自在的氣氛。

一個人來的時候，我最喜歡的位子，是面對窗戶那一排座位；兩個人來的時候，那就選擇客廳對坐的沙發椅吧。如果妳是孕嬰媽媽，歡迎穿過走廊，進到屋子深處的小房間裡。這間咖啡館難得可貴的是特別歡迎育嬰媽媽的到訪。因此平日午後，經常可見社區裡的媽媽們帶著小孩，一起來到這裡喝茶聊天。孩子們在這個被允許自在的空間裡，也能無拘無束的舒展身心。原來，店家老闆本身也是個育嬰媽媽，所以才能特別體會帶小孩媽媽們的心情。而由於老闆也要照顧小孩的關係，目前週一、週二都是公休。營業日期會隨時更動，去以前記得上店家網站查詢確認。

在不覺得會有咖啡館出現的地方，特別是在日常社區裡，若頓時遇見一間像是PEDRA BRANCA這樣與自己性格相合、氣氛滿溢的咖啡店，那眞的是旅行中、生活裡足以回味一整年的小驚喜了。

一個人來的時候，我最喜歡面窗的那排座位。

INFO

PEDRA BRANCA（ペドラブランカ）

ADD 東京都品川區戸越2-8-18

TIME 11:00-18:00（L.O.17:00）

週一、週二公休

WEB www.pedrabranca-cafe.com

G OMEDE鯛魚燒本舖：出名的是鹹味鯛魚燒

若想來份甜點，那麼推薦一間靠近戶越銀座站前的「OMEDE鯛魚燒本舖・戶越銀座店」(おめで鯛焼き本舗)。社區型的店家，前來光顧的也是這一帶的居民，婆婆媽媽在店門前邊吃邊聊，彷彿如鯛魚燒裡的紅豆餡似的，笑聲中，光陰都甘美柔軟了起來。其實這裡最出名的鯛魚燒，並不是一般的甜餡，而是包裹著如高麗菜、培根或紅生薑等食材的鹹味鯛魚燒。當作午餐果腹，意外合適。

OMEDE鯛魚燒本舖最出名的鯛魚燒是包裹著如高麗菜、培根或紅生薑等食材的鹹味鯛魚燒。當作午餐意外合適。

INFO
OMEDE鯛魚燒本舖・戶越銀座店(おめで鯛焼き本舗)
ADD 東京都品川區平塚2-13-8
TIME 11：00-19：00

G

商店街小路裡充滿懷舊感，
凝結出一種老派氛圍流行。

LITTLE NOTE

放鬆一下，戶越銀座錢湯！

戶越有一座歷史悠久的錢湯名為「戶越銀座溫泉」，是許多人來到這裡必訪之地。事實上，最初吸引我來戶越銀座商店街逛逛的誘因之一，也是因為它。

戶越銀座溫泉創業於一九六〇年，在二〇〇七年時改裝，聘請了知名的錢湯建築設計師今井健太郎操刀，將這座老錢湯搖身一變，呈現出現代感的極簡潮流，但卻又不失傳統風貌的融合空間，頓時成為年輕人也熱愛的設計錢湯之一。

（關於改造後的戶越銀座溫泉，詳見〈東京錢湯巡禮〉p269）

世田谷線
路面電車

「世田谷線」之旅
途中下車！

AREA
8

TOURIST SPOT

● 三軒茶屋站

A 三軒茶屋站

● 若林站

B 若林踏切

● 松陰神社前站

C 松陰神社前站：

1 松陰神社商店街

2 松陰神社

● 宮の坂站

D 宮の坂站／山下站：

1 宮之坂站前小店

2 豪德寺

3 宮之坂站前

4 世田谷八幡宮

● 山下站

● 下高井戶站

E 下高井戶站：

站前市場

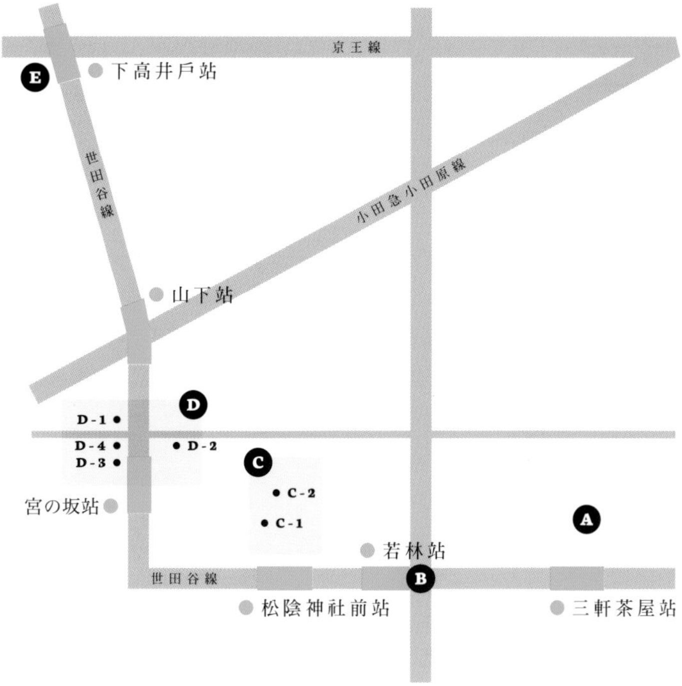

最喜歡荒川線電車的你，

也不該錯過世田谷線之旅。

東京都內唯二的路面電車，

載著你去尋訪招福貓起源地。

將一座城市劃入鍾愛領域的理由有很多種，於我而言，凡是有路面電車奔走過的街市，就已率先取得了入場券。

喜歡城市裡的路面電車。在雜沓人流中，喧囂街坊之間，路面電車與城市的街景融成一體。不似一般電車拖著長長的車廂呼嘯而過，路面電車總以不疾不徐的速度，緩緩滑過地表。屬於匆匆城市的一景，卻又彷彿以如此悠緩的身姿，提醒快步調的都會人，生活，請慢行。

路面電車所經路口，人車都得停駐讓步，在這都會鐵道多數已地下化的年代中，或許有人覺得麻煩費時，我卻以爲是得以讓我們停駐腳步的機會，於暫停中來一次情緒的換氣。

東急世田谷線　東京唯二僅存路面電車

在二十世紀前葉，東京都內的路面電車曾是主要的大眾運輸交通工具。直至一九七〇年代由於地下鐵、電車和自用車的普及後，才逐漸撤除。如今，都內剩下的路面電車僅有兩條，一條是都電荒川線，另一條則是東急世田谷線。

「世田谷線」正式全名爲「東急世田谷線」，屬東急鐵道公司旗下的電車路線，縱斷世田谷區東部的鬧區與下町，與「都電荒川線」並列爲東京都內兩條僅存的路面電車。

世田谷線全長僅五公里，起站爲三軒茶屋站（接東急田園都市線），迄站爲下高井戶站（接京王線），共十個站，每一站之間的距離都不到一公里，走完全程只要十七至十八分鐘。

在這短短的距離當中，沿線卻展現出風格迥異的各站特色。例如三軒茶屋是十分繁華，深受年輕人和上班族熱愛的飲食街，但中間各站卻充滿老街下町風情，到了終點站下高井戶，有著繁華的現代商店街，同時又存在著站前市場的傳統昭和風味。沿途更有多個如松陰神社、豪德寺等重要的歷史據點與名勝地，展現東京豐富多元的樣貌。

世田谷線已全線鋪設「專用軌道」。

LITTLE NOTE

路面電車 VS. 一日乘車券

DENSHA & TICKET

雖然所有在地面軌道上走的電車，廣義來說都是路面電車，但一般來說日本人對「路面電車」的定義是叮叮車或輕軌電車。都電荒川線的軌道採用「併用軌道」，也就是軌道直接埋進道路中，與一般車輛共用馬路；至於世田谷線則已全線鋪設了「專用軌道」，也就是一般常見的電車軌道形式。

搭乘世田谷線散步之旅，可購買十分划算的一日乘車券。只要日幣300圓，一天之內可任意上下車。不買一日乘車券的話，每次搭乘就要日幣150圓。售票地點在三軒茶屋站、上町和下高井戸進站櫃臺。

路面電車以悠緩的身姿，提醒都會人，生活，請慢行。

A 三軒茶屋站：世田谷起站，聚集六個商店飲食街

三軒茶屋、二子玉川和下北澤這三地方，經常被票選爲世田谷區內最想居住的地方前三名。三軒茶屋站是世田谷線的起點，也是田園都市線的一站，僅距離澀谷兩站，平常白天多見學生出沒，傍晚以後的站前商店街則是上班族聚餐、小酌的熱門據點。到了假日，附近公園則常見家族或年邁的長輩們散步的身影。

世田谷區域實行委員會十年來，積極將三軒茶屋打造成一個藝術小城。每年秋天會舉辦「三茶de大道藝」嘉年華活動，有遊行和跳蚤市場，將這裡營造出成功的社區互動，同時還吸引外地的人潮前來。

車站周圍，白天看起來像是普普通通的辦公區，夜幕低垂以後，站前商店街則搖身一變，成爲上班族聚餐、小酌的熱門據點。

洋腸小徑的街坊中，匯聚了六個商店街，如此密集，是三軒茶屋的特徵。這些商店街包含了鈴蘭通（すずらん通り）、ECHO仲見世商店街、有樂（ゆうらく）街、仲道（なかみち）街、商榮會商店街，以及世田谷線三軒茶屋站所在地，Carrot Tower與三和會拱廊街。

很少會有一個電車站前，像是三軒茶屋站一樣，在幅員不大的腹地內，卻同時坐擁如此多個商店街，而且幾乎全以餐飲店爲主。對於愛探勘日本國民美食的深度旅人而言，這裡絕對是一大挑戰。

三軒茶屋的地標是二十七層樓的商業複合設施Carrot Tower（キャロットタワー），進駐TSUTAYA影音、銀行等公司行號，另有文化空間經常舉辦演講或藝術展覽等活動。大樓地下可從田園都市線的三軒茶屋站，直通世田谷線月台。

世田谷線三軒茶屋站採用拱廊式建築，很有歐洲小站的風貌。搭配著暖色調的圓球立燈及紅磚瓦外牆，飄散出一股懷舊的氣氛。

2

1

1 三軒茶屋站是世田谷線的起點，也是田園都市線的一站，僅距離澀谷兩站。

2 三軒茶屋站採用拱廊式建築，很有歐洲小站的風貌。

3 商店街鈴蘭通幾乎全以餐飲店為主。夜幕低垂以後，站前商店街則搖身一變，成為上班族聚餐、小酌的熱門據點。

4 三軒茶屋的地標是二十七層樓的商業複合設施Carrot Tower。

A

B 若林站：不可錯過的平交道，若林踏切！

路面電車東急世田谷線從三軒茶屋站出發後，下一個最主要的景點是「松陰神社前」站。大部分關於此沿線風光的介紹，多半都是這樣規劃的行程。不過，對我來說，在抵達松陰神社前，其實還有個私心必訪之處。那或許也是對喜歡路面電車之旅的人來說，不可錯過的東京一景。這地方叫做「若林踏切」。

日文「踏切」爲平交道之意，若林踏切的所在地，是在三軒茶屋之後的西太子堂和若林兩站之間，與「環七通」道路交叉的鐵路平交道。

特別之處在於一般的鐵路平交道都會有柵欄，電車來的時候，柵欄就會降下。不過，若林踏切卻是一個沒有柵欄的平交道。電車通過時，馬路的紅燈亮起，四線道上的車子就得全部停下等候。

大概因爲沒有平交道柵欄之故，遠遠看起來，行駛過這一路段的世田谷線電車不像是跑在鐵軌上，更像是跟著路人一起走在斑馬線上。如此的光景，雖然在都電荒川線與江之島電鐵的沿線幾乎都能見到，但想要在世田谷線上看見的話，卻只能在這裡。因此便成爲了日本鐵道迷，拍攝世田谷線時的熱愛據點。

行駛過這一路段的世田谷線電車不像是跑在鐵軌上，更像是跟著路人一起走在斑馬線上。

B

C 松陰神社前站：生活感純樸商店街

① 松陰神社商店街 歲月的交接，極端的美

松陰神社這一帶最吸引我的，是從世田谷線「松陰神社前」站下車後，步行通往神社的參道。這一條參拜的道路名爲「松陰神社通」，是一條規模小巧玲瓏的商店街，保存著不少昭和年代的雜貨店、和菓子老舖，近年來也點綴了一些年輕人經營的，盈滿現代感的咖啡館。年長者日常的生活圈，以及感覺昭和風情是一種復古流行的年輕人，在新舊混雜中，歲月的交接，有一種極端的美。

陽光正好，人潮不多的平日中午，悠緩漫步在松陰神社通，來到這裡挑一間在地食堂吃頓飯，或者喝杯咖啡，即便無所事事，也是一件氣氛絕好的事。兩排商舖，多數是經營超過五十年的自營業。小時候在台灣也能見到的風景，像是在電影《幸福的三丁目》才會出現的懷舊商店街，如今在這麼繁華的都心，仍然原封不動的保鮮著，對我而言，這就是東京的魅力之一。

到訪松陰神社通商店街的時節，從車站下車後，在入口看見懸掛起寫著「幕末維新祭」的布條。這是在每年秋天十月下旬，固定會與山口縣萩市共同舉辦的活動。幕府男子的遊行、戶外行動劇、觀光物產展等活動，紀念的是吉田松陰和其奠定的幕末維新運動。

日常生活圈，在新舊混雜中，有一種極端的美。

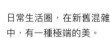

本
山下書店
welcome

LITTLE NOTE

松陰神社商店街

MY BEST 5

——好店大集合——

SHOP 1

STUDY咖啡

就在商店街入口右手邊，有一間大門被綠葉圍繞，十分醒目的潮流咖啡館「STUDY」，是近來頗受年輕人青睞的據點。中午恆常提供三種午間套餐，其中雞肉咖哩頗受好評，令人自在放鬆的空間，慵懶地窩在這裡，點杯咖啡翻讀一本喜歡的書，恐怕一不小心，昏暮就會降臨。

SHOP 2

珈琲家あのころ（ANOKORO）

往下走不過幾步路，會遇見一間「珈琲家あのころ（ANOKORO）」咖啡館。「あのころ」是「那時候」的意思，光是從店名就感受得到一種回首感。店內的招牌咖啡，取的名稱也確實如此，就叫做「松陰綜合咖啡」。濃厚中帶點苦味的口感，歷史，果然不是輕盈的。隔壁的「河馬（ヒポポタマス）」是專賣燉牛肉、漢堡排的洋食屋，是當地居民家族聚餐時的熱門首選。

SHOP 3

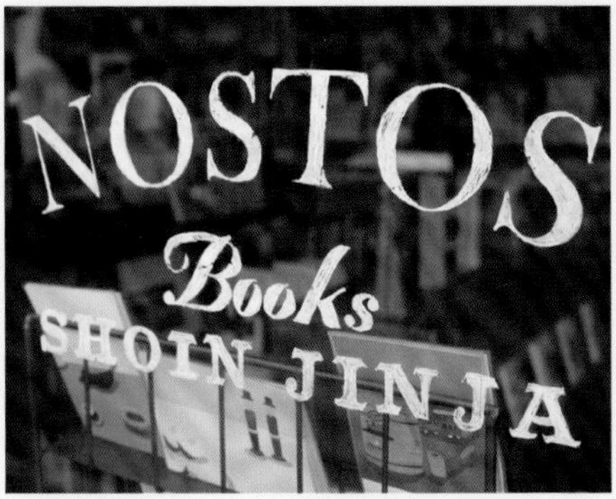

nostos books 二手書店

特別推薦「nostos books」這間二手書店。二〇一三年開幕的nostos books店裝，以木質色調與純黑線條交織而出的空間，極簡低調中飽滿著設計感。委身在松陰商店街，著實讓人眼睛為之一亮。店主中野貴志和店長石井利佳，因為同時身兼業餘設計師的身分，故店內的選書特別著重於設計、攝影、工藝、藝術文化等層面。即使不懂內文，相信也能在店裡來一趟欣賞書籍裝幀設計的巡禮。

SHOP 4

松下村塾學習館

商店街中的「松下村塾學習館」有賣吉田松陰的紀念品，陳列著許多歷史相關的文件，並會固定舉辦社區型態的歷史講座。對於像是大河劇歷史題材有興趣的旅人，必然會喜歡這裡。

SHOP 5

松榮堂和菓子

走到商店街尾端，在松陰神社對面，有一間和菓子老舖，名為松榮堂。店裡經常坐著與老闆娘聊天的居民，看似沒有多少商品的陳列，隨性的氣氛，讓人踏進店裡時有一刻會懷疑，現在有在營業嗎？但千萬別因此錯過這裡的名物。這裡最為出名的甜點是黑糖糕，一份日幣一百圓，記得買一塊嚐嚐。其樸質的懷舊口感，日本媒體還為此特別出機報導過。那麼就請帶一塊黑糖糕果腹繼續上路吧！

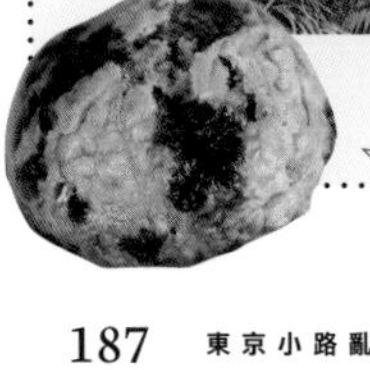

拜訪學問之神
松陰神社 GO!

② 松陰神社　學問的聖地

在「松陰神社前」下車後，沿著純樸商店街一直往下走，不到十分鐘，就會抵達松陰神社。

松陰神社主要祭祀吉田松陰。吉田松陰是日本幕府末年的重要學問思想家、教育家，帶出一批重要的子弟如伊藤博文等人，奠定明治維新的理論，並被尊爲精神領袖。後人視松陰先生爲學問之神，故求學考試的人都會來此參拜。

二〇一五年NHK大河劇《花燃》以江戶幕末作爲故事背景，故事中的主角人物之一便是吉田松陰。電視劇播放的期間，走在神社附近，隨處可見街頭巷尾張貼著《花燃》的海報。原本寧靜至極的下町小鎮，忽然間因爲戲迷的探訪而在週末時分匯聚人潮。

吉田松陰生於山口縣萩市，在那裡也有一座松陰神社。我曾經在多年前拜訪過萩市，參觀了吉田松陰從前在當地講學的屋舍，二〇一五年正式被認定爲世界遺產的「松下村塾」。很難想像在那樣一幢小小的木屋中，生命不過三十年載的吉田松陰，就從這裡孕育出許多的學者，日後改寫了日本的歷史。每一個不起眼的原點，都有可能走出一片壯大的世界。

松下村塾的松陰墓地供奉的是遺髮塚，而吉田松陰眞正的長眠之地，則是下葬於東京的這座松陰神社內。墓園位置隱在神社旁邊，得穿越一條不起眼的小徑才會抵達。

在正殿前祈禱完，也拐到墓園參拜完成後的我，準備離開松陰神社時，突然有個老奶奶走向我，一臉心急的表情，問我：「去參觀墓園了嗎？」我說有，她才鬆開眉頭，說：「那就

1 松陰神社主要祭祀的是日本幕府末年的重要學問思想家、教育家．吉田松陰。

2 吉田松陰從前在當地講學的屋舍「松下村塾」，二〇一五年正式被認定為世界遺產。

3 吉田松陰真正的長眠之地在這座松陰神社內。墓園位置隱在神社旁邊，得穿越一條不起眼的小徑才會抵達。

INFO

松陰神社

ADD　東京都世田谷區若林4-35-1

TIME　7:00-17:00

WEB　www.shoinjinja.org

好。很多遊客都只是在正殿前隨便拜拜，不知道眞正應該去拜的是藏在後面的墓園哪！」

老奶奶是在地人，八十多年來都住在這一帶。松陰神社早就成爲她日常生活的風景之一。我和她道別，她蹣跚地走了幾步，忽然又回首，像是提醒我似的說道：「這裡的『松下村塾』是仿造的，知道吧？眞正的是在山口縣萩市，有機會一定也要去那裡朝聖才行噢。」

我再次點點頭說，那裡也去過了呢。老奶奶這一刻才總算是非常滿意的展開了笑顏。不希望自己摯愛生活之地，只淪爲表面的觀光地，而是希望每一個來到這裡的人都能深入認識，應該是老奶奶最希望的事吧。

大太陽底下，看著滿佈老奶奶臉上的皺紋，在這個歷史的聖地中，彷彿都跟著閃起了歲月的光。

後人視松陰先生為學問之神，故求學考試的人都會來松陰神社參拜。

D 宮の坂站／山下站：召喚幸福

離開松陰神社商店街，繼續利用一日乘車劵跳上路面電車世田谷線。電車搖搖晃晃地前行，陽光散進車廂，淡淡地閃著一片透明感的光澤，多麼舒服的午後。若恰逢微寒的季節，車內暖氣可眞是讓人昏昏欲睡了。得小心別睡過頭，很快的就抵達値得途中下車的下一站，宮之坂和山下。

① 宮之坂站前小店

在宮之坂站的車站附近，聚集著幾間可愛的小店，散步累了，很推薦到此小歇片刻。

其中，有一間僅能容納兩、三人座位的街角咖啡店，在還未走進店裡以前，就可以嗅聞到店裡傳來的咖啡烘焙香。這間小店取了一個法文名字，稱爲「chouette torrefacteur laboratoire」，日文譯名是「梟焙煎研究所」。法文原意指的是象徵幸福鳥的貓頭鷹，店長希望藉由美味的咖啡和糕點，向到訪的客人傳遞出微小卻充實的幸福。梟焙煎研究所在二〇一七年四月開幕，短短的時間內，已成爲在地居民甚至遠道而來客人的愛店。

店長高山先生對於咖啡豆烘焙很有研究，認爲咖啡豆是非常敏感的，因此在意不同品種的豆子，在精密的「低溫烘焙」過程中，適時地調整溫度和濕度。除了品味咖啡以外，店內也販售麵包甜點。高山先生原本是在法國餐廳擔任廚師的，因此對於食物的味覺，是否與咖啡契合，自然十分講究。

坐進小店裡啜飲咖啡，吃份甜點，在店長選播的西洋音樂中，感受一個平凡的午後，淡淡的美好，累積出幸福的以後。

梟焙煎研究所不遠處，更靠近車站的地方有兩間連在一起的店家也値得探訪。

一間是和菓子店「MAHORO堂蒼月（まほろ堂蒼月）」，另一間是新大眾食堂「Balearic飲食店（バレアリック）」。MAHORO堂蒼月除了一般的和菓子以外，印有附近地標招財貓的銅

INFO

梟焙煎研究所
ADD 東京都世田谷區宮坂1-39-11
TIME 平日12:00-19:30
週末、假日7:30-18:30
週二公休
WEB torrefacteur-lab.tokyo

MAHORO堂蒼月
ADD 東京都世田谷區宮坂1-38-19-103
TIME 9:00-19:00
週一公休
WEB www.mahorodou-sougetsu.com

Balearic飲食店
ADD 東京都世田谷區宮坂1-38-19
TIME 週二至週五
11:30-14:00 ／ 18:00-23:00
週末假日、
11:30-15:00 ／ 18:00-23:00
週一公休
WEB twitter.com/balearic_now

鑼燒是該店名物。Balearic飲食店算是多國籍料理，中午以咖哩、丼飯和義大利麵爲主，晚上則變成居酒屋，充滿著南國海島氣氛。

(左) 二〇一七年四月開幕，短短時間內成為在地居民甚至遠道而來客人的愛店。
(右)「梟焙煎研究所」希望藉由美味的咖啡和糕點，向到訪的客人傳遞出微小卻充實的幸福。

和菓子店MAHORO堂蒼月簡潔純白的店面，和店內數量限定的座位。

Balearic飲食店中午以咖哩、丼飯和義大利麵為主，晚上則變成居酒屋，充滿著南國海島氣氛。

② 豪德寺

江戶招福貓的起源地之一

豪德寺所在地，恰好在宮之坂和山下兩站中間，無論從哪一站走過去，路程都差不多，大約六、七分鐘即可抵達。不過個人較爲推薦的是從宮之坂站下車。原因是宮之坂站前有其他可觀之處，還有一、兩間小咖啡館，若走累了，也是值得歇腳之處。

從宮之坂站下車後，走到豪德寺入口，這條路上盡是寧靜的純住宅區。第一次到訪，恐怕走到一半會懷疑是不是走錯路了？但請別心急，大約過了六分鐘左右，就會見到入口指標。豪德寺並非神社，因此不會有印象中的紅色鳥居。取而代之的是兩側石柱入口，頂端盤踞著石獅。一條小路岔進林蔭小道，走到底就是豪德寺境地。

相傳戰國時期的彥根藩二代藩主井伊直孝，曾經因爲要躲避一場大雷雨，不知何去何從才好時，忽然在這裡看見一隻貓咪。貓咪好像懂他的心事，展開一場神秘的導引，於是井伊直孝走進了這間寺廟。井伊直孝不僅因爲貓咪而避開了豪雨，還在這裡聽了和尚的法談，感覺投緣歡喜，此後豪德寺變成了井伊家御菩提所。而引路的貓咪，就成爲了此地的好運象徵。

豪德寺境內有一處「招貓殿」，便是大家來到此地的重點了。很多人踏進豪德寺，都會有點茫然。「招福貓在哪裡？怎麼沒看到？」一時之間都找不到供奉貓咪的地方在哪裡。那是因爲豪德寺其實最主要的並不是祭祀貓咪的寺廟。占地最大的是佛殿和本殿兩處，至於「招貓殿」只是其中的一個小建築而已。總之，請多點耐心，在境內繞一繞就能找到。

「招貓殿」最初是因爲寺院裡飼養的招福貓咪過世後，住持爲貓咪立碑紀念的墓地，後來才漸漸變成供奉招福觀世音菩薩和招福貓的寺廟。來到這裡祈福拜拜的遊客，捐獻後就可將小招福貓祀奉在此。招福貓除了供奉以外也可以買回去當作御守做紀念。或者，來一片印有貓咪的「繪馬」木牌，寫上心願掛到祈願區。

很多旅人分不清招福貓跟招財貓的差別。簡單來說，右手上舉，手中沒拿金幣的就是招福貓；左手上舉，另一隻手抱著金幣的就是招財貓。在豪德寺裡祭祀的是招福貓。

由於香火鼎盛，各種尺寸的招福貓就不斷地進駐，故成爲了現在看到招福貓排排站的特殊風景。看著這麼多的招福貓聚在一起，密密麻麻的，很是壯觀。有人覺得可愛，也聽過有人覺得陰森。天色漸暗，冷風一襲，被這麼多貓咪的眼睛同時盯著，久了竟感覺壓力頗大。

這讓我忽然在想，福氣這件事，或許是適量才是幸福的。福氣過多了，也許不再珍惜，也許引人妒忌。終有一天，無福消受，將會扭曲價值觀，失去原本那一個抱持初衷的自己。

（上）豪德寺並非神社，因此不會有印象中的紅色鳥居。
（下）可在招福貓繪馬背後寫下你的祈願。

INFO

豪德寺

ADD　東京都世田谷區豪德寺 2-24-7
TIME　9:00-16:30

由於香火鼎盛，各種尺寸的招福貓就不斷地進駐，故成為了現在看到招福貓排排站的特殊風景。

③ 宮之坂站前 原來曾是江之電

從招福貓聖地豪德寺折返回世田谷線宮之坂站後，肯定會先對車站旁放置的一輛綠色電車車廂感到好奇。燦爛陽光下，綠油油的車身，愈看愈是覺得熟悉。眨眼瞬間，腦海彷彿突然閃過電車劃開了海天一色的畫面。終於想起來了，沒錯，這節車廂是湘南海岸的江之電！

為何江之電電鐵會放在此處？原來其身世不凡。這輛車早在一九二五年製造後，直到一九六九年為止，一直服役於東急世田谷線。之後，這節車廂讓渡給了江之電電鐵，行駛於藤澤和鎌倉之間，直到一九九〇年四月才退役，結束長達六十五年的奔馳生涯。退休後，電車告老還鄉，回到世田谷區。如今，車廂停放在宮之坂站前，開放成區民的休憩空間。每到午後時分，三三兩兩的媽媽們接下課的孩子回家時，常習慣坐進車廂裡聊天。孩子們，就在車廂裡外自在奔跑。車廂老了，所幸總也不寂寞。老車廂裝滿孩子們的笑顏，燦爛勝過湘南海岸的光。

緊鄰綠車廂旁的建築，是世田谷市公所的宮之坂區民活動中心。站前跨過鐵道的對面，名為Café Luana，是一間專賣格狀鬆餅的茶館。除了鬆餅外，花草茶也是本店強項。一間像是會出現在下北澤的店家，卻座落在人潮鮮少的路面電車世田谷線途中，令人驚喜。

如果肚子有點餓，可是對甜點都沒興趣，想來點鹹的食物，那也沒問題。Café Luana往下走幾步路，轉角有間章魚燒屋「章魚坊」（たこ坊）即可滿足你的口欲。章魚坊號稱賣的是「京風」章魚燒，原來店長田中先生出身於京都，原本是開日本料理店的，卻因為兩次交通事故而歇業。後來在友人的邀約鼓吹下，開了這間章魚燒店。章魚燒原本是大阪名物，在這裡經過曾經是日本料亭職人的雙手後，增添的食材也飄散起京都風味。

Café Luana（右）與章魚燒屋「章魚坊」（左）可滿足你的口欲。

曾經奔馳在湘南海岸又重回世田谷的車廂。

④ 世田谷八幡宮 用相撲占卜收成

帶著章魚燒的美味向前行，就會抵達豪德寺以外，宮之坂站另一必訪的寺廟——世田谷八幡宮。八幡宮的境地內，比較吸引我的其實不是八幡宮正殿，而是發現一座紅色鳥居，跨過石橋，有個藏在池水庭園中的小巧神社。這裡是嚴島神社，爲廣島廿日市，以水中鳥居聞名的嚴島神社之東京分社（東京另一分社在新宿）。

八幡宮內還有另外一處也挺有意思。神社內竟然有一個相撲的場地「土俵」，每年秋天九月十五日，東京農業大學的相撲部，都會在這裡舉辦例行的奉納相撲祭。原來從前會以相撲比賽的輸贏，作爲謝神祭典，並爲新的一年農作豐收或歉收來占卜。

眞是有趣。當初是誰想到用相撲來占卜收成的呢？看到相撲選手各個都吃得白白胖胖的，不用比賽、無論輸贏，大概也都能知道五穀豐收，肯定會過個好年了吧！

宮之坂站另一必訪的寺廟——世田谷八幡宮。

INFO

世田谷八幡宮

ADD 東京都世田谷區宮坂1-26-3

TIME 境內開放

WEB www.tokyo-jinjacho.or.jp/setagaya/5936/

（上）穿過紅色鳥居，有個藏在池水庭園中的小巧神社——嚴島神社。
（下）每年秋天九月十五日，東京農業大學的相撲部，都會在這裡舉辦例行的奉納相撲祭。

E 下高井戸站：殘留昭和氣氛的站前市場

離開招福貓聖地豪德寺所在的宮之坂站，繼續往下前進。在經過山下站和松原站以後，終於抵達了這趟世田谷線小旅行的終點站，下高井戸站。

下高井戸站同時也是京王線的其中一站，若從世田谷線下車後，可轉搭京王線前往新宿或調布。反之，若住在京王線沿線的人，可在此轉乘世田谷線即能抵達三軒茶屋。便利的交通性，爲下高井戸區域創造出完備的生活機能，因此也帶來不少的居住人潮。

散步在下高井戸車站周圍，或許你會感覺這裡只是一片很普通的風景。然而，在每一個專注的眨眼之中，卻能看見十分具代表性的東京日常生活縮影。對於喜歡日本的觀光客來說，我總覺得要離開山手線上那一圈的區域，來到像是下高井戸這樣的地方，才更能夠更加嗅聞到在地人的生活況味。

其實，下高井戸在江戸時代是甲州街道很重要的轉運站。這一帶商店街的歷史已很久遠，當時名爲「高井戸宿」的這一帶，是從日本橋沿著甲州街道出發後，約十四公里處的第一宿場町（驛站）。後來因爲距離過遠，於是決定在抵達下高井戸前，再設立一個新的宿場。那個新的宿場，就是新宿。換句話說，下高井戸的交通要塞性與商業發展的歷史，可是比新宿還早的呢。

如今，商店街大部分都已變成現代化的店家，包括超市等賣食材的店家約有四、五十間，此外就是餐飲店和日常生活用品店。以住宅區爲主的這一帶，雖然熱鬧的程度比不上京王線前一站的明大前，但是提供日常生活所需的店家或餐飲店，我想已算是相當足夠。

最特殊的風景，應該就是下高井戸站前市場了。在車站出來後，拐向上述的商店街之前，入口旁有一塊類似於傳統市場的區域。就像是都電荒川線的起迄站三之輪商店街那樣，東急世田谷線的下高井戸站前市場，從一九五六年起建設完成後，便始終爲居民提供生鮮魚肉的日常補給。雖然市場的規模很小，不過促狹的巷弄裡卻有著飽滿溫馨的下町人情風味。在東京的鬧區裡，大多數的市場都是超市，若想逛逛傳統市場，築地或上野阿美橫丁的觀光味又

1

2

2

過於濃厚，那麼就請來下高井戶走走。

東急世田谷線，從起站到迄站，短短的十個站點，不到十八分鐘的車程。找一個晴朗的好天氣，跳上這一條路面電車吧！或許是跟隨著我的腳步，或許是反其道而行去看看推薦路線以外的據點，不要帶著非要獲得什麼收穫的情緒，隨心所欲，途中下車。當下以爲不足爲道的普通畫面，都將在回到現實生活裡，在回憶中，放大成壯闊的風景。

下高井戶江戶時代曾是甲州街道驛站的商店街。

1 下高井戶當地居民熱愛的「たつみや」鯛魚燒。
2 從一九五六年起建設完成後，下高井戶站前市場便始終為居民提供生鮮魚肉的日常補給。

INFO

下高井戶站前市場

ADD　世田谷線下高井戶站前事務所：東京都世田谷區松原 3-30-12
TIME　各店不一
WEB　www.shimotaka.or.jp

中野百老匯

百寶箱世界！
百老匯小探險

AREA
9

TOURIST SPOT

●中野站

JR中央線、總武線，地下鐵東西線

中野百老匯（中野ブロードウェイ）

- A Bar Zingaro 村上隆的咖啡館
- B MANDARAKE · まんだらけ
- C TRIO2
- D 觀覽舍
- E Vintage Mall
- F mmts中野
- G Tacoche
- H Rainbow Spice Cafe Chai Stall

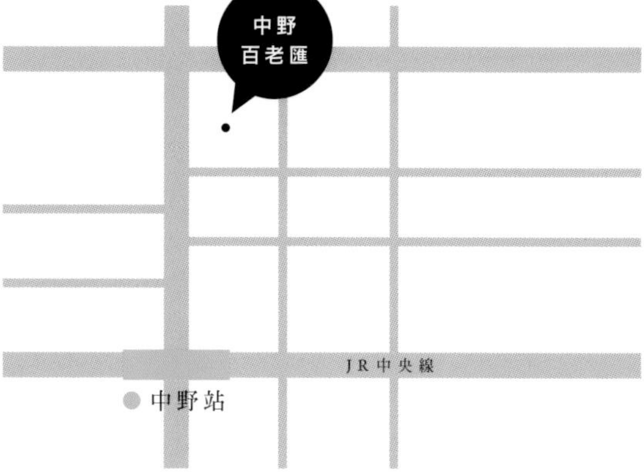

有點亂，有點雜，
有點時間脫序，
有點不像東京。
穿梭在這棟迷宮似的賣場裡，
看見東京在地人的另一種娛樂風景。

東京都的中野，向來是東京年輕人最愛聚集和居住的地方之一。不過對於外國遊客來說，似乎聽過中野這地名的人，遠比實際探訪過此處的人來得多。

其實，當你從新宿站出發，搭JR中央線前往很多遊客都熱愛去的吉祥寺時，不到五分鐘，就會抵達中野站了。

在中野站有一個名爲「中野百老匯」（中野ブロードウェイ）的商業設施，可說是最初帶動起中野這塊鬧區脈動的心臟。或許現在看來並非是潮流時尚的商場，但其實這些一間間看來促狹的小店鋪，每一間都是深藏不露！

中野百老匯 原來藏著村上隆的咖啡館！

中野百老匯以動漫、漫畫、年輕人流行文化、特色嗜好小物和獨立創作人商品爲主，只要你花點時間願意來一趟小探險，肯定會驚訝的發現許多驚喜。例如藝術家村上隆，就在這裡開了一間主題咖啡館和幾間小藝廊，因爲低調的緣故，很多人甚至都不知道有這些店的存在。

中野百老匯建設於一九六六年，迄今已逾五十年。當時正是日本經濟高峰，日本人受到美國文化的影響很大，在食衣住行方面都朝著向先進國家美國學習的趨勢。就在這年代，仿照著當時美國的住宅形式而誕生了中野百老匯。現在說起住宅和商場生活圈的結合典範，都會想到東京六本木之丘，但最早實現這種形式的設施，其實是中野百老匯。五樓以下是商場，五樓到十樓是住宅，共有二百二十戶，在當時被視爲高級住宅，許多有錢人都選擇居住於此。集合著住宅與商場的複合設施，中野百老匯不僅是全日本第一，也是亞洲先鋒。

中野百老匯 嗜好蒐藏者的天堂

隨著九〇年代泡沫經濟崩塌後，中野百老匯開始轉型，如今以MANDARAKE（まんだらけ）爲首的主題店家，發展成動漫、公仔人偶、明星偶像周邊商品、昭和年代懷舊小物、二手書和手錶等專門店。很多人會暱稱這裡是「宅男天堂」，但與其是用這個稱呼來認識中野百老匯，不如說將其稱爲「嗜好蒐藏者的天堂」更佳。

最近幾年，這裡的店舖類型更增加了藥妝店、手機相關周邊和3C產品與個性服飾店，還有幾間新開的潮流餐廳與咖啡館。在中野百老匯邊走邊逛，最初或許會覺得有些雜亂，但慢慢地就發現，這些時而新時而舊的店舖，並不是交替，而是共存，反而滋生出一股衝突中的生命力。那或許正是讓中野擁有魅力的緣故，也是讓東京成爲獨一無二城市的要素。

中野百老匯。五樓以下是商場，五樓到十樓是住宅，共有二百二十戶，五十年前被視為高級住宅。

NAKANO

衝突中的生命力，那或許正是
讓中野擁有魅力的緣故。

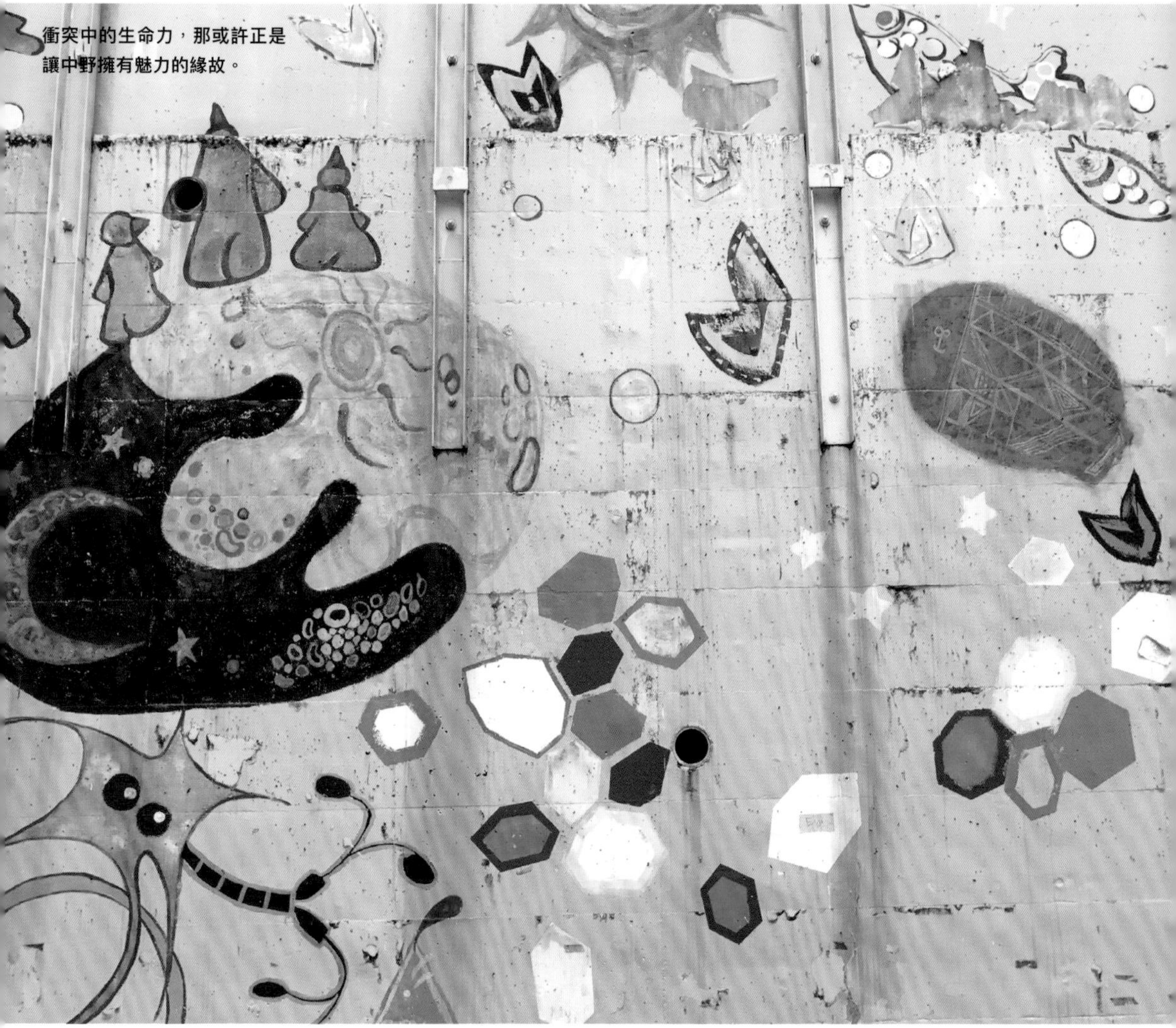

INFO

中野百老匯（中野ブロードウェイ）
ADD 東京都中野區中野5-52-15
TIME 營業時間各店不同
WEB www.nbw.jp/

A Bar Zingaro村上隆的咖啡館：四間藝廊大串連

藝術家村上隆的作品，在海內外都極富盛名。他的部分作品跟中野的動漫文化頗有相互呼應之感。約莫如此，讓他選擇在中野百老匯內設置了辦公室，同時開設藝廊與咖啡館。在中野百老匯內，共有Hidari Zingaro、Oz Zingaro、Kaikai Zingaro和Pixiv Zingaro四間藝廊，最後則由一間名爲Bar Zingaro的咖啡館串連起來，讓喜好藝術設計、村上隆作品和咖啡的朋友，可以在此擁有一個交流的場域。

Bar Zingaro店內牆壁掛飾著村上隆的相關作品，作品會不定期更換，而一旁的架上則展示販售著村上隆精選的藝術家作品。對於喜愛村上隆作品的人，當然不能錯過另外一區村上隆周邊產品展售櫃了。

不只強調是一間帶有設計感的休憩空間，咖啡的品質也一點都不馬虎。Bar Zingaro的咖啡，聘請了世界聞名的Fuglen oslo來擔綱總監，就算只是來純粹的享用一杯美味的咖啡，也值得爲此前來。

Zingaro的咖啡，聘請了世界聞名的Fuglen oslo來擔綱總監。

INFO

Bar Zingaro

ADD 中野百老匯2F

TIME 11:00-21:00（不定休）

WEB bar-zingaro.jp

3

2

1 藝術家村上隆的作品跟中野的動漫文化頗有相互呼應之感。

2 喜好藝術設計、村上隆作品和咖啡的朋友，可以在此擁有一個交流的場域。

3 層架上展示販售著村上隆精選的藝術家作品。

B MANDARAKE：集結29個主題專櫃店舖

MANDARAKE（まんだらけ）可說是中野百老匯的主旋律，是該設施內最知名的店家之一。從一樓到四樓，約有二十九個專櫃店舖，以主題和商品分門別類，無論逛任何一間都充滿著探險的樂趣。挑了其中的三間，來帶大家逛逛。

INFO
MANDARAKE
ADD 中野百老匯1-4F
TIME 12:00-20:00
WEB www.mandarake.co.jp/

「Henya」以門前的紅色鳥居展開異想世界。

B

LITTLE NOTE

SHOP 1 Henya 変や ········· 4F

進入「Henya」立刻看見一整排卡通公仔、知名店家吉祥物、昭和時期的懷舊商品和各種復古玩具。

SHOP 2 Infinity インフィニティ ········· 3F

「Infinity」裡販售的物品，以男偶像的周邊商品為主。最大宗的是傑尼斯偶像相關產品。

SHOP 3 Special-Kan スペシャル館 ········· 2F

喜歡怪獸哥吉拉的朋友，在「Special-Kan」中有各個年代、各種造型變化的哥吉拉。

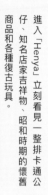

C TRIO2：日本音樂人原版海報、周邊商品主題店

位於三樓的「TRIO2」是我很喜歡的一間店。因爲不少喜歡的日本音樂人，曾經出版過的雜誌、周邊商品，最重要的是各個時期的唱片宣傳原版海報，都能在這裡買到！比如我喜歡的Perfume這裡搜集的宣傳海報非常齊全。

有趣的是該店販售的歌手類型幅度超廣，除了Perfume以外，還有當紅的星野源、AKB48和欅坂46等等，但同時又有經典團體Spitz的海報，另外也有安室奈美惠和X JAPAN的商品，甚至連小澤健二過去的宣傳海報都有。當然，隨著不同年代，有些海報已成爲稀有珍貴商品，即使是二手貨價格也不便宜。

(左) 這裡搜集的Perfume宣傳海報非常齊全。(右) 歌手各個時期的唱片宣傳原版海報，都能在這裡買到！

INFO

TRIO2

ADD 中野百老匯3F

TIME 12:00 - 20:00

WEB www.trio-broadway.com/index.html

D 觀覽舍：經典電影海報、相關商品專門店

若說「TRIO2」是一間搜集歌手的專輯海報、過刊雜誌和周邊的專門主題店，那麼「觀覽舍」就是一間專以經典電影海報、傳單，以及電影相關商品的專門店。

包含了各式電影類型，特別是昭和年代的日本電影海報，最受歐美哈日族的歡迎。

很驚喜的發現牆上還貼著王家衛導演的電影系列，當初在日本上映時的廣告傳單。忽然看見當年的張國榮，想起二〇一七年正好是《春光乍洩》上映二十週年，也是香港回歸二十年，心中一陣百感交集。

牆上貼著王家衛導演的電影系列海報。

INFO

觀覽舍

ADD 中野百老匯4F
TIME 12:00-20:00
WEB kannrannsyacs.jugem.jp/

E Vintage Mall：昭和時期懷舊商品專門店

Vintage Mal（ヴィンテージモール）是間專門搜集昭和年代懷舊商品的雜貨店。

跟MANDARAKE不同的是，Vintage Mall不只有賣懷舊二手玩具，更多的是往昔的物品。例如以前的汽水杯、牛奶罐、手錶等老玩意兒。

老闆說，這幾年來，外國客人特別多。因爲來這裡就像是走進時光隧道，也像是重返電影《幸福的三丁目》中會看見的生活用品。若你是台灣五年級生、六年級前段班的朋友，想必這裡也會藏著與你相通的記憶。

INFO
Vintage Mall
ADD　中野百老匯2F
TIME　12:00-20:00

Vintage Mall不只有賣懷舊二手玩具，更多的是往昔的物品，來這裡就像是走進時光隧道。

F mmts中野：日本藝人中野翔子選貨店

熟悉日本演藝圈文化的人，一定對藝人中川翔子（暱稱翔子大大）的名字不會陌生。mmts（讀法：Mamitas）這間服飾店，正是由橫跨主持人、演員、歌手、聲優，甚至還包括插畫作家的中川翔子擔任主理人，與日本流行服飾品牌Beams所共同企劃而誕生的選貨店。

至於爲何會選在中野百老匯展店呢？原因是中川翔子就是東京中野出身的，而且本人也非常喜歡中野百老匯。店名mmts來自於翔子大大的貓名，店內服裝結合中川翔子繪製的插畫，有時尚男女裝，同時也有各種配件。

INFO

mmts中野

ADD 中野百老匯3F

TIME 12:00-20:00 週三公休

WEB www.beams.co.jp/mmts/

mmts是中川翔子與日本流行服飾品牌Beams所共同企劃而誕生的選物店。店內服裝結合中川翔子繪製的插畫，有時尚男女裝，同時也有各種配件。(Photo by mmts)

G Tacoche：自費出版、獨立音樂影片寄售店

這一間小書店我非常喜歡！讓我想起去紐約曼哈頓旅遊時，曾逛過許多類似這種感覺的獨立小書店，充滿著創作力和生命力。Tacoche（タコシェ）主要是以自費出版品、獨立出版書籍、獨立音樂和影片寄售爲主的書店，涉及的主題包含了文學、漫畫、藝術設計、音樂、電影、劇場和次文化，另外也少數販售一些藝術家和插畫家的手工創意雜貨和繪畫作品。

許多剛踏入創作的新生代作家，或許還沒有機會被主流出版社看上，發行他們的作品，但透過自費出版，作品在這裡也能有露面的機會。作品寄售時不需要支付書店擺書的租金，只有在作品賣出以後，才需要按照商談的比例支付書店手續費，很佛心來的制度。對於有創作熱忱的新人來說，我覺得是很棒的平台。也許你不一定懂日文，但書店裡也有不少攝影集、漫畫、插畫作品等，毋需語言翻譯，也能夠明白的精彩作品。

Tacoche 獨立小書店，充滿著創作力和生命力。

INFO

Tacoche
ADD 中野百老匯 3F
TIME 12:00-20:00
WEB tacoche.com/

H Rainbow Spice Cafe Chai Stall：咖哩迷必到名店

Rainbow Spice Café（レインボウスパイスカフェ）來自於東京立川的一間知名咖哩專門店Rainbow Spice，第二間分店開在歌舞伎町，接連兩間店都廣受咖哩迷的歡迎，第三間店則以Rainbow Spice Cafe Chai Stall為名義，選在中野百老匯落腳。雖然說是賣咖哩飯的店家，但其實Rainbow Spice Cafe Chai Stall的另外一項主力，是跟該店的咖哩相提並論，毫不遜色的印度拉茶（Chai）。因此，來這裡吃咖哩當然很棒，但當作純粹來喝杯印度拉茶的茶店或咖啡館，也是非常適合的地方。

咖哩種類繁多，個人最為推薦的是雞肉馬薩拉咖哩（チキンマサラ）。建議可點中野百老匯店限定的咖哩拼盤套餐。可選兩種咖哩醬，另包含迷你沙拉等配菜，以及湯和飲料。起初很難想像中野百老匯的昭和年代氣氛，會跟這間裝潢挺潮流的咖哩茶館連結在一起，這種落差的對比，正也是中野百老匯的特色之一。

個人最為推薦的是雞肉馬薩拉咖哩。建議可點中野百老匯店限定的咖哩拼盤套餐。

INFO

Rainbow Spice Cafe Chai Stall

ADD　中野百老匯B1

TIME　週一至週六11:00-22:00（L.O.21:30）
　　　週日11:00-20:00（L.O.19:30）

淺草

淺草的老靈魂
洋溢青春！

AREA
10

TOURIST SPOT

● 淺草站

地下鐵銀座線、都營淺草線

- A　Marugoto Nippon 物產館
- B　BUNKA HOSTEL TOKYO
- C　淺草 hoppy 通
- D　傳法院通
- E　洋食 YOSHIKAMI（ヨシカミ）
- F　今戸神社
- G　Pelican Cafe
- H　LODGE AKAISHI（ロッジ赤石）

● 田原町站

地下鐵銀座線

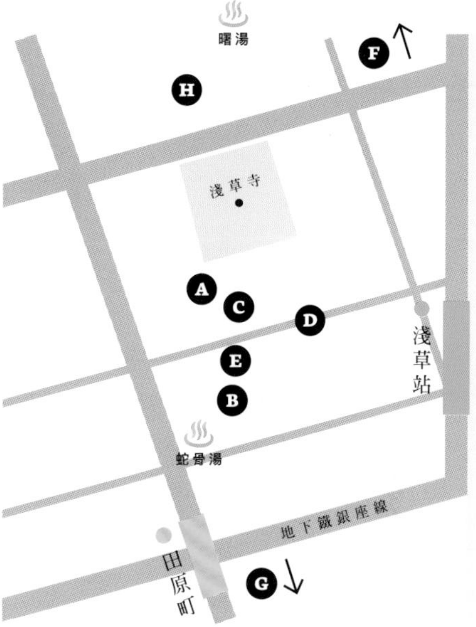

去過一次淺草寺，
此後到訪東京就再也不去？
淺草，不是只有淺草寺而已。
老淺草其實有很多新玩意兒，
再來一次淺草，
發現再老的靈魂，
都能青春洋溢。

淺草從百年前起，就以東京最早興起的娛樂商圈而崛起，但是也因爲開發得早，歷史悠久，故多年來，許多人印象中與淺草相連的關鍵字，似乎總跟傳統、和風、下町老街，甚至是老舊等詞彙脫離不了關係。

然而，這幾年，事情逐漸產生了些變化。老淺草開始被注入新動力，在保留著原有的文化價值中，我看見許多新鮮的可能性。

A

Marugoto Nippon物產館：屋上花園能眺望淺草風景

三一一東日本大震災後，日本人湧起一股重新認識自己的家園，愛鄉愛土的意識，迄今仍方興未艾。推銷地方鄉土物產是其中一環，但跟往昔賣土產的方式不同，這一波興起的熱潮，有許多年輕人和企業投入，展現的是更精準的概念性，及設計精緻的包裝與搶眼的行銷。走進淺草這間「Marugoto Nippon」（まるごとにっぽん）物產館，不難發現這裡爲老淺草翻轉出來的形象，就散發出這樣的氣息。

「Marugoto Nippon」物產館共有四層賣場，一樓「樂市」以「日本食市場」為主題。

「Marugoto Nippcn」物產館共有四層賣場，一樓「樂市」以「日本食市場」爲主題，挑出日本各地的當令食材或知名物產、農作物集中於此。走上二樓和三樓，則會遇見「和來：生活道具街」及「淺草日本區：體驗廣場」。在這裡可以看見的地方職人商品，都從傳統物件中被賦予了新的包裝，更接近新世代族群的口味。

我喜歡其中一間「okuri」和風雜貨專舖，從衣著、日常用品到餐具，饋贈親友也好，慰勞自己也行，每一樣都想讓人帶走，完全符合著店名「okuri」漢字「贈り」的贈送之意。另外，很吸引我的還有一間叫做「KAMPO煎專堂」的「漢方藥」專賣店，也就是我們所謂的中藥行。

中藥行經過日本人的重新包裝以後，令人驚豔地打造出了一間相當時尚的新型態中藥舖。清楚明瞭的說明，讓人立刻能依照身體所需，找到自己適合飲用的中藥。中藥被設計成茶包的袋裝形式，用微波爐加熱即可服用。至於四樓的美食餐廳街，個人推薦的是「緣道」和食料理餐廳。晴空萬里的時候，走到屋上花園還能眺望淺草風景。

INFO

Marugoto Nippon
（まるごとにっぽん）

ADD 東京都台東區淺草2-6-7
TIME 1F、2F 10:00-20:00
3F 10:00-21:00
4F 11:00-22:00
WEB marugotonippon.com

1「KAMPO煎專堂」清楚明瞭的說明，讓人立刻能依照身體所需，找到自己適合飲用的中藥。
2 我喜歡「okuri」和風雜貨專舖，從衣著、日常用品到餐具，每一樣都想讓人帶走。
3 四樓的美食餐廳街，個人推薦的是「緣道」和食料理餐廳。晴空萬里的時候，走到屋上花園還能眺望淺草風景。

B BUNKA HOSTEL TOKYO：三十年建築旅店脫胎換骨

爲淺草「舊瓶釀新酒」的，不僅是「Marugoto Nippon」物產館，位於老商店街一隅，把三十年建築脫胎換骨的BUNKA HOSTEL TOKYO亦是典範。

旅店的合作夥伴，來自京都知名的設計旅店HOTEL ANTEROOM KYOTO。他們爲淺草設計出來的這間旅店，從店名到裝潢，無不展現出保存了日本的傳統特質，又開創出潮流感的新意。BUNKA是「文化」的日文發音，他們期望不只是透過旅居此地，體驗淺草文化，更努力讓這裡成爲異國文化的交流場域。

散步累了，不如就在這間旅店一樓小憩一番吧。這裡有一間同名店家「居酒屋BUNKA」很特別，雖是名爲飲酒的居酒屋，但卻並非是傳統的居酒屋樣貌。極簡清亮的空間，反而更接近於一間設計咖啡館。非酒精的飲料，種類雖然不同，卻很便宜。來此感受一下年輕人如何改造老淺草，彷彿再老的靈魂，也都可能青春洋溢。

從店名到裝潢，無不展現出保存了日本的傳統特質，又開創出潮流感的新意。

INFO
BUNKA HOSTEL TOKYO
ADD 東京都台東區淺草1-13-5
WEB bunkahostel.jp/ja/

C 淺草hoppy通：聚集食堂和居酒屋

在淺草寺附近有一條名爲「淺草hoppy通」（淺草ホッピー通り）的街道，是喜歡吃日本居酒屋裡平價國民美食的朋友，值得一訪的地方。

Hoppy是一種飲料。看起來像是啤酒，不過不含酒精，很受到日本女性的歡迎。這條淺草hoppy通又名燉煮料理通，因爲居酒屋裡一定會有的一道餐色是燉煮（煮込み）內臟，故得此暱稱。

這裡的店家除了室內座位以外，桌椅都會擺到門前的馬路上。

這條街全長僅有一百米，卻是淺草極具日本特色的小吃街。這裡聚集了非常多的食堂和居酒屋，一間間節比鱗次，無論哪一家，都可以嘗到最道地的料理。跟其他深不可測的居酒屋不同，這裡所有的店家都是敞開門戶的，除了室內座位以外，桌椅都會擺到門前的馬路上，每到夏天，甚爲壯觀。

日本大部分的居酒屋下午會休息，但這裡因爲觀光客多，從中午就開始營業，一路到深夜。因此能難得地見到日本上班族在下午偷偷溜出來喝一杯的有趣場景。

入夜以後，是淺草hoppy通最熱鬧的時分。店家燈火逐一點亮，一整條夜市街道閃閃發光，迴盪的盡是饕客們盡興的談笑聲，好不熱鬧。店家雖然多，大部分招牌菜都是一樣的。推薦的菜色是「日式炸雞塊（雞唐揚）」、「豚平燒（蛋包快炒豬肉和蔬菜）」、「牛腱燉菜」和「辛辣燉菜」。

INFO
淺草hoppy通
ADD　東京都台東區淺草2-5
TIME 營業時間各店不一

D 傳法院通：少了商業氣息，多了些個性

比起仲見世通來說，我更偏好與其橫向交錯的「傳法院通」。雖然說傳法院通也充滿了腳步雜沓的觀光客，但有一些物件小店和飲食店，確實比仲見世通少很多商業氣息，且更多些專有個性。

「傳法院通」的物件與飲食小店更有個性。

① 地球堂書店
創業超過半個世紀

傳法院通上最吸引我目光的，並非總是大排長龍的大黑家天麩羅店，而是一間名爲「地球堂書店」的二手書局。古色古香的門面，入口屋簷上懸掛著一塊圓形木製招牌，從外頭往店內窺視，被書架擁起的狹長木屋，彷彿會讓人一踏進就回到百年前的江戶。

已創業超過半個世紀的地球堂書店，專門蒐羅江戶時代、東京下町和淺草在地的書籍，另外也能找到美術、藝能和攝影領域的圖書。倘若你的日文夠強，強到能欣賞淺草「落語」表演的話，那麼這裡更有許多能滿足你對落語興趣的相關叢書。

INFO

地球堂書店

ADD 東京都台東區淺草1-39-9
TIME 10:00-17:00 週三公休
WEB denbouin-dori.com/archives/38

「地球堂書店」狹長的木屋，彷彿會讓人一踏進就回到百年前的江戶。

② 御芋屋興伸

淋上麥芽糖漿的拔絲地瓜

逛完二手書店，我總是愛到一旁轉角的「御芋屋興伸」（おいもやさん興伸）買「大學芋」吃。大學芋，就是台灣俗稱的拔絲地瓜，在台北愈來愈少見的零嘴，卻在東京下町仍能經常遇見。

興伸的總店來自於地瓜、馬鈴薯批發暨加工廠商「川小商店」。川小商店創業於明治九年（一八七六年）迄今已超過一百四十多年，在一九八五年成立了這間專賣地瓜食品的相關零嘴，如今在關東有約十三間的分店。店舖多選擇在下町老街開設，因此不只在淺草，像是我也喜歡散步的巣鴨地藏通、根津神社前等地，也都能吃到。

淋上麥芽糖漿的地瓜，撒上黑芝麻，一口咬下就感受到外皮酥脆，內在鬆軟的誘人滋味。因爲地瓜切塊較大，建議兩人分食一包較爲恰當。吃完後能來杯麥茶收尾，就更是完美了。美味的大學芋，麥芽糖香味仍殘留齒間，淺草小巷散步，讓吹拂而來涼涼的風，似乎也沾染起甜蜜的滋味。

淋上麥芽糖漿的地瓜，撒上黑芝麻，一口咬下就感受到外皮酥脆，內在鬆軟的誘人滋味。

INFO

興伸 大學芋（おいもやさん興伸）

ADD 東京都台東區淺草1-39-9
TIME 10:00-19:00
WEB www.oimoyasan.com

③ 咖啡天國

淺草的老派喫茶店

吃完拔絲地瓜，繼續逛逛，若走累了，就進喫茶店休息吧！淺草的老派咖啡館很多，若對昭和風情的喫茶店情有獨鍾的話，必定要到淺草來轉一圈。

其中的「咖啡天國」（珈琲天国）是著名店家之一。不過，跟其他當地的喫茶店相比，這間店更爲人津津樂道的或許不是咖啡本身，而是店裡的厚片手工鬆餅。烙印上「天國」兩字的鬆餅，抹上奶油與淋上糖漿，其美味該如何形容呢？大概就是店名的隱喻，好吃到快要飛上天的感覺吧。

提醒你，記得把咖啡喝完，因爲杯底的「大吉」好運祝福等著你。

淺草的老派咖啡館很多，若對昭和風情的喫茶店情有獨鍾的話，「咖啡天國」是著名店家之一。

「天國」鬆餅與杯底的「大吉」好運祝福等著你。

INFO

咖啡天國（珈琲天国）
ADD 東京都台東區淺草1-41-9
TIME 12:00-18:30／週二公休

④ KAMIYA「關西風」烏龍麵店

在「御芋屋興伸」的斜對面，十字路口的一角，有一間標榜「關西風」的烏龍麵店，名爲「KAMIYA」（かみや），是我到淺草散步時偶爾會拜訪的店家。雖然店家的招牌菜是烏龍麵，但我個人更喜歡的是他們家的野菜天婦羅蕎麥麵，而且偏愛要點冷的蕎麥麵。

冷麵沾醬滑順入口，經過熱煮又冷卻的麵條，往往比熱麵更能吃出蕎麥的純粹口感與彈性——如果它確實是經得起考驗的好蕎麥麵的話。野菜天婦羅包括了茄子、金針菇到青椒等，在咀嚼中褪下薄薄的一層酥脆麵衣後，裸出蔬菜的本味。食後別忘記向老闆要一壺麵湯，注入沾醬，喝下半碗熱湯暖胃，作爲收尾。

1

2

1 標榜「關西風」的烏龍麵店KAMIYA，是我到淺草散步時偶爾會拜訪的店家。
2 我個人更喜歡的是他們家的野菜天婦羅蕎麥麵，而且偏愛要點冷的蕎麥麵。

INFO

KAMIYA烏龍麵（かみや）
ADD 東京都台東區淺草2-3-14
TIME 11:00-20:00／週一公休

E 洋食YOSHIKAMI：吉本芭娜娜的回憶

因爲淺草寺的存在，再加上寺廟周圍有不少食堂、日本料理店與和菓子老舖，因此下町淺草總給人十分和風的印象。但事實上百年前的淺草，可是有如西門町一樣，是日本規模最大、也是最初的娛樂重地呢。有百貨、遊樂園、電影院、各種喫茶店，還有說落語的娛樂表演等等，而在餐飲類型方面除了和食以外，其實也是東京最初聚集最多洋食餐館的地方。所以如果想感受一下昭和風情的老派洋食館，那麼不妨一餐跳過和食，來嘗嘗淺草極爲有名的「洋食YOSHIKAMI」（洋食ヨシカミ）吧！

招牌菜是紅酒燉牛肉，但我個人鍾愛蛋包飯。

「洋食YOSHIKAMI」創業於一九五一年，是許多昭和年代的老東京人，在週末到淺草逛街遊玩時，家族共享午餐的回憶之地。我最愛的日本女作家吉本芭娜娜在多年前，曾在她的一本散文集《パイナップリン》中寫過一篇〈美味的淺草〉，文中提過這間店。吉本芭娜娜形容這間洋食店外觀看起來有種「令人嚇一跳的老舊」，不過走進店裡卻能立即感受到從店員開始散發出來的明亮、朝氣與親切，食物則是充滿活力的美味。招牌菜是紅酒燉牛肉，但我個人鍾愛蛋包飯。

既然說到這兒就忍不住一提，淺草對吉本芭娜娜而言，說是一切的起點也不爲過。因爲年輕時的她，曾在ROX百貨樓下的咖啡館打工，趁著打工的空閒，在和善的老闆允許下，拿起稿紙寫下了〈廚房〉系列小說，沒想到從此就改變了她的命運。一間改變人命運的咖啡館，氣場應該很強吧？可惜那間咖啡館現在已不存在了，不然一定會成爲我的文學朝聖地。

吉本芭娜娜形容洋食YOSHIKAMI外觀看起來有種「令人嚇一跳的老舊」。

INFO

洋食YOSHIKAMI(ヨシカミ)

ADD 東京都台東區淺草1-41-4

TIME 11:45-22:30(L.O.22:00)

週四公休

WEB www.yoshikami.co.jp

F

今戶神社：招福貓起源地之一

日本神話中相傳日本列島的誕生，最初由兵庫縣的淡路島開始。在淡路島上祭祀著象徵著這則神話起源的伊弉諾尊和伊弉冉尊兩位神明，被尊爲男女之神，因此很自然地成爲了祈求姻緣的神社。淺草的今戶神社也祭祀著這兩位神明，成爲戀愛成就的能量之地。

今戶神社同爲高舉右手的「招福貓」之起源地，故神社的戀愛御守也是以招福貓作爲設計。除御守外，還販售兩隻招福貓合體的貓咪陶偶，爲該神社名物。利用「今戶燒」傳統技法手工製造而成，小小一個要價三千日圓。愛情果然需要投資。

INFO

今戶神社

ADD 東京都台東區今戶1-5-22

TIME 9:00-17:00

WEB imadojinja1063.crayonsite.net

今戶神社為高舉右手的「招福貓」起源地之一，兩隻招福貓合體的貓咪陶偶，為該神社名物。

G

Pelican Cafe：人氣麵包老舖的新型態咖啡館

在人形町篇章介紹過「喫茶去・快生軒」裡美味的烤土司，來自於淺草Pelican（ペリカン）麵包老店，這間店創業迄今已超過七十多年，凡是熱愛吐司的老東京人，應該都不陌生。每天早上開門，就有人在外面排隊等候購買。有時候去了現場也買不到，因爲一條條剛烤出來的吐司都已經是被人預約走的了。

Pelican在二〇一七年秋天開了一間咖啡館「Pelican Cafe」，店址就在麵包店不遠處。如果買不到麵包的人，不如直接到這間店裡坐下來好好享用，保證能吃到。一片片現場炭烤的吐司麵包，搭配上各種食材或水果，製作出各式各樣的三明治，視覺與味覺兼具，除了吸引不少老顧客以外，更有許多年輕人上門，也算是將麵包老舖注入了新的靈魂。

「Pelican Cafe」一片片現場炭烤的吐司麵包，搭配上各種食材或水果，製作出各式各樣的三明治。

INFO

Pelican Cafe

ADD 東京都台東區壽3-9-11

TIME 8：00-18：00

週日、假日公休

H

LODGE AKAISH：手沖咖啡口味柔和

淺草寺後面小巷裡有一間我很喜歡的「LODGE AKAISHI」（ロッジ赤石）喫茶店，手沖咖啡口味柔和，相當順口，而倘若嘴饞了，那麼可別錯過點一份蜂蜜奶油厚片烤土司，好吃到就連吐司邊，都令人回味無窮。

離開喫茶店，夜幕低垂，肌膚上仍殘存著錢湯的溫度，穿越了悠長的淺草歷史，讓不在同一個現場的你和我，因此擁有了遙遠而相通的，溫暖回憶。

INFO

LODGE AKAISHI（ロッジ赤石）

ADD 東京都台東區淺草3-8-4

TIME 週二至週六9:00-凌晨4:00
週日、假日9:00-凌晨1:00
週一公休

LITTLE NOTE

放鬆一下，淺草懷舊錢湯！

蛇骨湯．曙湯

淺草地區因為開發的歷史很早，故從江戶時代起始到昭和時期時興蓬勃的錢湯（大眾澡堂），在這裡留存下來的也尤其多。在淺草寺側邊的小巷轉角，有一座一九五七年開業的「淺草觀音溫泉」原本是這一帶極具代表性、強調是天然溫泉的老錢湯，風情獨具，可惜因設備老舊，在二〇一六年六月正式宣布結束營業。

如今，藏在狹小巷弄中的「蛇骨湯」可能是淺草地區最老的錢湯。在淺草寺後面徒步約十幾分鐘的小巷子裡，有另一間知名的錢湯，名為「曙湯」，也值得推薦給想要體驗一下日本泡湯文化的旅人。

（關於「蛇骨湯」與「曙湯」，詳見〈東京錢湯巡禮〉p259）

淺草寺後面小巷裡的赤石喫茶店。

好吃的蜂蜜奶油厚片烤土司

Here!
AMUSE MUSEUM
お手洗
TOILETS
朱印所

兩國

不只是相撲 還有古今相遇的美術館

AREA 11

TOURIST SPOT

●兩國站
JR總武線

A 兩國：江戶NOREN
B 墨田北齋美術館
C 舊安田庭園
D 龜戶餃子兩國店

●兩國站
都營大江戶線

最具有「份量」和「動感」的車站
居然是在這裡？
以相撲聞名的兩國，
車站本身就是個相撲場地，
但最近兩個嶄新據點出現，
兩國瞬間成爲鎂光燈焦點。

兩國原本最主要的兩個觀光景點，一個是相撲的舉辦場地「國技館」；另一個則是展示東京歷史的「東京江戶博物館」。最近則有另外兩個新據點的誕生，爲兩國注入了新生命力，讓這個下町老城區頓時成爲沐浴在鎂光燈的新寵兒。

這兩個地方一個是「墨田北齋美術館」，在建築家妹島和世操刀設計的前衛空間中，反襯出以傳統浮世繪「富嶽三十六景」而聞名的畫家葛飾北齋之藝術美；另一個更具備著有如兩國觀光大使身分般的存在，則是JR兩國站的「兩國：江戶NOREN」。

A 兩國：江戶 NOREN —— 歡迎四方遊客走進兩國

象徵日本傳統文化的圖騰之一，是你不一定有興趣，但肯定知道、聽過或者也見過的「相撲」。相撲的起源很早，但眞正普及成爲大眾化的娛樂活動，大約是從明治末年開始。扮演推波助瀾的角色，讓相撲興盛起來的重要據點，當屬東京墨田區的「兩國」地帶。因爲一九〇九年在兩國興建的舊「國技館」正式竣工，才開始讓相撲能無畏風雨在室內隨時舉辦，從此增加了民眾參與的機會。

一走出JR兩國站，就能立刻感受不同於其他車站的氣氛。與相撲相關的展示和裝飾，遍佈於兩國站內的許多角落。

「NOREN」的日文是「暖簾」，就是經常會看見懸掛在店家大門上緣的布塊。營業時，暖簾掛起，取下時就代表今日打烊。「兩國：江戶NOREN」顧名思義，就是代表著掛上暖簾，歡迎四方遊客走進兩國之意。

「兩國：江戶NOREN」的建築本身，再次展現JR東日本對於老屋新生的貢獻，不遺餘力。典雅的建築外觀，保存著一九二九年建造當時的舊驛站造型，以拱形和直線交錯設計出來的窗櫺，在中央拱起復古的車站大鐘。

室內更以呈現江戶老街的風景，讓舊時光復古於新玄關。遼闊的空間感，町屋式的店舖排列，彷彿讓人踏進百年前江戶時代的時光隧道。更重要的是，新設施不忘展現兩國特色，在廣場中央設置了相撲「土俵」場地。

這塊「土俵」場地經由日本相撲協會監製，是符合正式比賽標準的場地。每逢假日或特殊節慶，這裡會舉辦「土俵祭」活動，不僅成爲當地居民聚集的交流場域，更招致了遠道而來的旅人。在各式感官體驗中，透過「江戶NOREN」便有如揭開兩國的暖簾，寓教於樂地踏進了東京的文化領域。

「NOREN」的日文是「暖簾」，「兩國：江戶NOREN」就是代表著掛上暖簾，歡迎四方遊客走進兩國之意。

A

典雅的建築外觀，保存著一九二九年
建造時的舊驛站造型。

下一回，到清澄白河喝完咖啡後，不妨繼續往北散步吧。來到兩國，從「江戶 NOREN」開始，感受一下，與清澄白河瀰漫的現代藝術與咖啡風情截然不同的，傳統江戶的懷舊氣氛。

一走出JR兩國站，與相撲相關的展示和裝飾，遍布於兩國站內的許多角落。

INFO

兩國：江戶 NOREN

ADD　東京都墨田區橫網 1-3-20
TIME　11：00-22：30（店舖）
WEB　www.jrtk.jp/edonoren/

LITTLE NOTE

舌尖上的東京

兩國：江戸NOREN

—— 十二間東京美食老舖進駐 ——

1 品嘗在東京製造的日本酒的「東京商店」。**2** 谷根千軍雞名店「雞HANA」。**3** 日式甜點「兩國橋茶房」。

由JR東日本鐵道經營的「兩國：江戸NOREN」在JR兩國站的西口，以享受精緻的江戸飲食文化為概念，進駐十二間代表東京傳統美食的老舖，希望來到此地的旅人，在踏進兩國的玄關之際，就能率先用舌尖品味東京之美。

這十二間餐廳，包括了展現江戸流「本格派」壽司的「政五壽司」（政五ずし）、一八七一年（明治四年）創業的文字燒老舖「月島文字燒MOHEJI」（月島もんじゃ もへじ）、天麩羅百年老店HISAGO（天ぷら食堂ひさご）的姊妹分店、日本橋的百年蕎麥老店藪久（やぶ久）、谷根千軍雞名店雞HANA（鶏はな）、日式甜點「兩國橋茶房」、能吃到築地新鮮魚貨的「源」築地食堂，以及可品嘗到所有在東京製造的日本酒的「東京商店」等各類型飲食店。

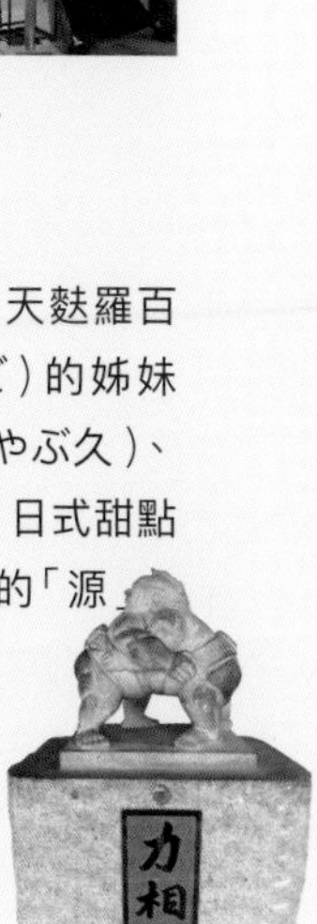

建築家妹島和世操刀設計的「墨田北齋美術館」，給兩國注入新意象。

B 墨田北齋美術館：建築家妹島和世操刀設計

隔著隅田川，兩國的地理位置約在東日本橋、淺草橋和人形町的對岸。近年來文青熱愛的清澄白河、森下，就在與兩國站同一條地鐵線「都營大江戶線」的下兩站。兩國原本爲人所知，是因爲相撲的舉辦場地「國技館」就在此地，同時旁邊還有一間「東京江戶博物館」，不過最近吸引人潮的更多原因，是一座新落成的美術館，墨田北齋美術館。

你或許不知道畫家的名字，但你一定曾看過海浪與富士山構圖的傳統浮世繪「富嶽三十六景」。這幅畫出自生於墨田區的葛飾北齋，而這座美術館就是收藏他作品的據點。在建築家妹島和世操刀設計的前衛空間中，反襯出葛飾北齋的藝術之美。

常設展示室有代表性作品，介紹「葛飾北齋」與「墨田」的關係，企劃展示室則會舉辦各種主題展覽會，並通過講座、工作坊活動，凝聚社區美學意識。

生於墨田區的葛飾北齋，這座美術館是收藏他作品的據點。

前衛空間中，反襯出葛飾北齋的藝術之美。

INFO

墨田北齋美術館

ADD　東京都墨田區亀沢 2-7-2

TIME　9:30-17:30（最後入館 17:00）

WEB　hokusai-museum.jp

C 舊安田庭園：東京江戶迴游式名園

逛完北齋美術館，可再前往東京江戶博物館晃晃，最後建議可散步到附近的一座「舊安田庭園」參觀。

舊安田庭園是日式傳統花園，最初成型約在一六八八～一七〇三年，一九二三年毀於關東大地震，至一九二七年重新修復後開園迄今。往昔會引進隅田川的水，因爲潮水高低而改變景象，形成一「迴游式庭園」，可謂東京江戶名園的代表性庭園。現在則是使用人工潮汐重現景象。到訪舊安田庭園，可以領略日本過去如何學習中國庭園的建設，並發展出自己一套美學系統。

舊安田庭園如今使用人工潮汐重現「迴游式庭園」。

舊安田庭園內建有兩國公會堂。

INFO

舊安田庭園

ADD　東京都墨田區橫網1-12-1

TIME　9:00-16:30（6月至8月到18:00）

WEB　www.gotokyo.org/jp/kanko/sumida/spot/163.html

D

龜戶餃子兩國店：東京最出名的煎餃店之一

日本人的「餃子」指的就是煎餃，和台灣的煎餃或鍋貼最大的不同，在於喜歡把皮煎得酥酥脆脆。台灣的煎餃較濕，日式煎餃外皮則較乾，不過內餡的肉依然多汁。日本最出名的煎餃聖地在宇都宮，至於在東京，最出名的煎餃店之一，則是龜戶餃子。

建議餃子點一份五粒，再搭配一盤炒飯。

龜戶餃子（亀戸ぎょうざ）總店在江東區的龜戶，其他地方也有分店。分店當中，又以兩國店算是人氣最高的。

龜戶餃子總店只有煎餃一種菜單，而且餃子一定要點兩盤十粒以上。兩國店則無此限制，點一盤五粒也無妨。另外，兩國店還賣餃子以外的菜色，像是炒飯、拉麵與快炒。因此，很多餃子迷都放棄到總店，而選擇來兩國店，因爲可同時吃到煎餃以外的菜色。

龜戶餃子的煎餃皮薄餡多，肉末裡的蔬菜也比其他的餃子店來得多，不沾醬油，其實味道也已足夠。建議餃子點一份五粒，再搭配一盤炒飯。比起該店的拉麵來說，炒飯更是招牌菜色。許多人來這裡用餐，基本餐點就是煎餃配炒飯。

一般這種日本中華料理店，都很少會有女生單獨來訪，不過龜戶餃子兩國店卻很受女子歡迎，有很多是一個人來用餐的日本女生。

下午不休息，因此若早餐吃太飽，那麼來兩國逛完美術館和庭園以後，下午來這裡點盤五粒煎餃，當作下午茶也不賴。

龜戶餃子兩國店是分店當中人氣最高的。

INFO

龜戶餃子兩國店
（亀戸ぎょうざ両国店）

ADD 東京都墨田區兩國4-34-10
TIME 11:30-20:40

別急！小路散策還沒有結束。

泡過錢湯，才算完成東京的洗禮。

錢湯巡禮

東京都 傳統 設計

TOKYO'S SENTOU NOTE

最快融入東京生活的方式之一，就是走進小巷裡的錢湯。

體驗、觀察和享受泡湯社交文化，泡進浴池的瞬間，一秒鐘旅人變居民。

傳統設計錢湯

巷弄中洗滌身心，一秒旅人變居民！

在展現日本風情的多彩光譜中，錢湯文化必然是一環極為傳統卻不褪色的絢爛色調。錢湯，せんとう（SENTOU），所謂的日式大眾澡堂，在許多日劇、電影、漫畫或小說中，是經常都會出現的生活場景。

錢湯最初會盛行，是因為早年家裡沒有完善的浴室，且缺乏電熱水器的年代，想泡澡也不是件方便的事。但原以為在家庭的衛浴設備趨向完善以後，錢湯會漸漸地消失殆盡，然而，歷經百年歲月的流轉，時至今日，愛泡澡的大和民族卻依然讓錢湯文化延續下來。

Photo by 今井健太郎建築設計事務所、石橋マサヒロ

about SENTOU

不可不知的錢湯文化

東京錢湯的歷史可追溯到近四百多年前。一五九一年，東京的第一座錢湯在日本橋一帶誕生。當時，德川家康從大阪率領大批人馬移居到關東，開啟大興土木的江戶建設。為了讓施工職人，在一整天工作結束後能就近盥洗，於是決定建造大眾澡堂。在當年還存在的「錢瓶橋」畔，東京的第一座錢湯「伊勢與一」正式現身。

東京最初的錢湯，大多數以「桑拿」(蒸汽浴)的形式為主，直到進入明治年代，浴池形式的錢湯才漸成主流。昭和年代是錢湯的全盛時期。最鼎盛的時候，東京就有兩千七百多座錢湯，可惜在二次大戰時，東京受到美軍空襲，多數木造錢湯也逃不過祝融之災。

錢湯其實是交際場！

錢湯不同於溫泉旅館的大張旗鼓，也不似「大江溫泉物語」似的溫泉主題會館，它通常低調地存在於住宅區的小巷中，空間不大，有些自豪於使用天然溫泉，但大多數其實只是一般的熱水浴池。

明明家裡已有浴缸了，何以還會特地想去錢湯洗澡呢？因為對日本人而言，能夠浸泡在全然伸展手腳的大浴池裡，那一股充滿開放感的愉悅感，是遠遠勝過在寸土寸金的公寓中，身體屈就於浴缸的促狹。

跟著家人、好友一起去錢湯，或在錢湯中與社區鄰居的相逢照面，一邊泡湯一邊聊天，是一種樂趣。錢湯從單純作為洗澡、泡澡目的之外，更豐富了公共空間的意義，扮演起舒放自我身心，以及提供人際交流場域的社交角色。

入浴基本須知與禮儀

走進錢湯！

基本上「錢湯」和「旅館溫泉」的使用規則相差不大，不過仍有些細微的差異喔！

STEP 1 **錢湯入口前脫鞋換鞋**

無論傳統或新式設計錢湯，都會在入口處設置鞋櫃，請將鞋子放到一人一格的鞋櫃後，將插在鞋櫃門上的**鎖匙**取出，便能鎖上鞋櫃。請保管好鎖匙。

STEP 2 **進入錢湯後先付款**

傳統錢湯在入口處就會分「男湯」和「女湯」，但現在大部分的錢湯都是同一個入口進去再分男女。付款分兩種形式，一種是直接付現金給老闆，另一種是用投幣式售票機買票，再把票給老闆。東京大眾錢湯的基本定價是**四百六十日幣**。**毛巾**可以跟老闆租借，用完時歸還。有些知名錢湯會販售印有自家店名的毛巾，可以買做紀念。有些錢湯會放置免費的沐浴用品供民眾使用，但大部分的錢湯(尤其是傳統錢湯)都沒有，請確認一下。櫃台有販售小罐的**沐浴用品**。

STEP 3 **更衣間褪衣置物**

在這裡褪下衣物後就可以進浴池了。置物櫃可能需要投入日幣一百圓(會退還)

東京大眾錢湯的基本定價是日幣四百六十圓。

在日本，泡完湯之後記得來一瓶冰涼牛奶！

才能上鎖，請事先準備好硬幣。另外提醒你，使用吹風機通常也要投幣，請準備幾個十圓硬幣。

STEP 4 更衣間褪衣置物

請務必淋浴後再進入浴池。泡湯時若攜帶小毛巾入場，請勿浸入水中。毛巾可以放到頭上，或放在浴池邊（放置物架上尤佳）。

STEP 5 錢湯烤箱蒸氣另付費

錢湯分熱水池和冷水池，有些錢湯會附設烤箱或蒸氣室。請注意！烤箱和蒸氣室都是要另外付錢才能進去的。如果你是只付日幣四百六十圓的話，那肯定是沒包含烤箱和蒸氣室的費用。若想使用，入場前請先付款。老闆會給你烤箱或蒸氣室的鑰匙。很多外國人因為不知道，剛好有人開門了就跟著一起進去了。

STEP 6 擦乾身體，才走進更衣室

走出浴場，回到更衣間前，請先用小毛巾擦乾身體再進去，否則弄得地上濕答答的，有些長輩顧客可是會毫不客氣地指責你喔！真的弄濕地板的話，置物櫃邊通常會放拖把，請自行擦拭。

STEP 7 來一罐牛奶收尾！

泡完湯後，如果休息區有賣咖啡牛奶，別忘了來一罐！泡完湯，用沁涼的咖啡牛奶收尾，才是錢湯體驗的完美作結。

about SENTOU

壁画彩繪

錢湯的「存在感」就靠它！

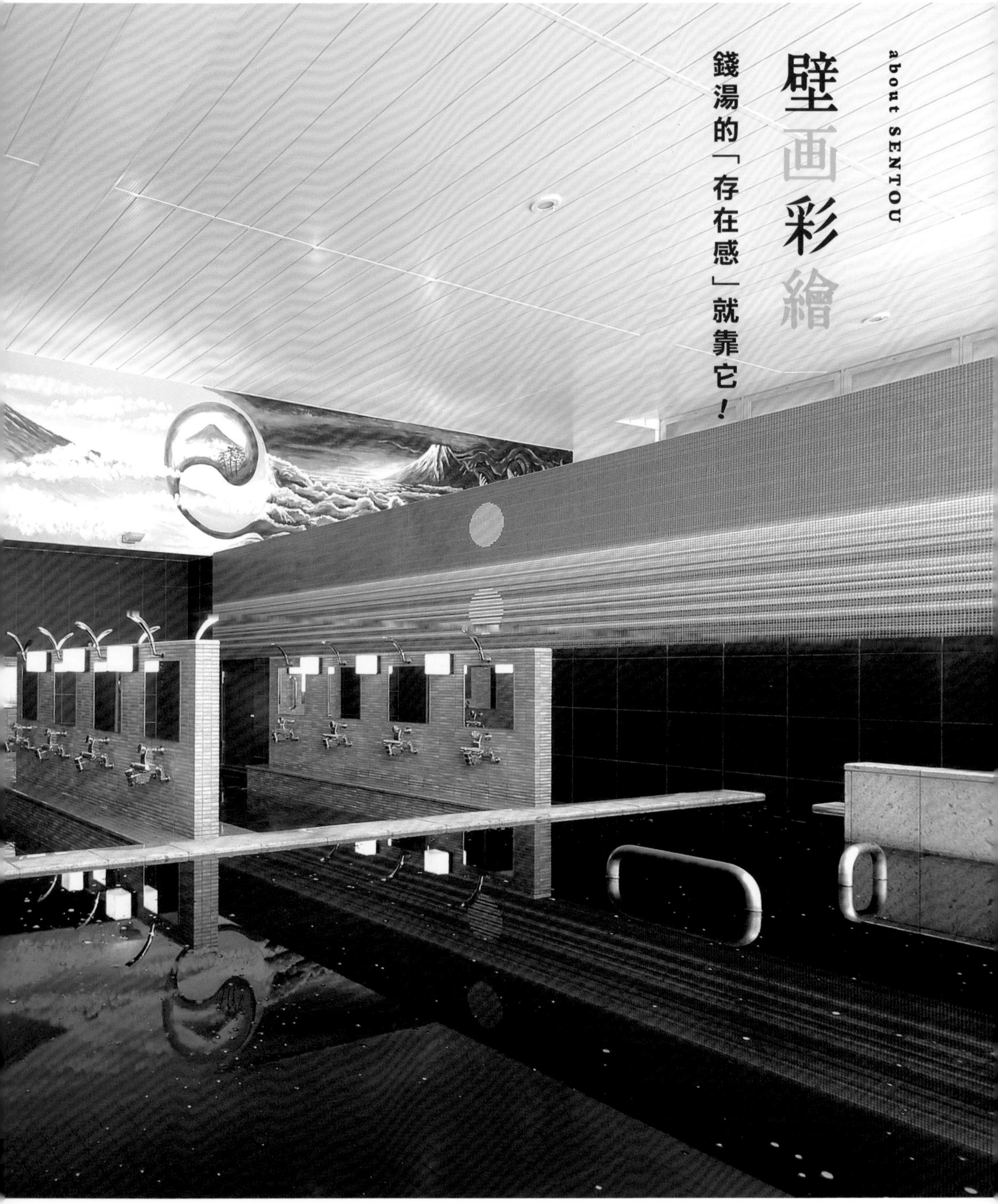

（上）男湯的壁磚彩繪為夕陽富士。
（下）銀座「金春湯」女湯的壁磚彩繪為雪冠富士。
Photo by 金春湯

戶越銀座溫泉的月之湯壁畫，是傳統錢湯壁畫師中島盛夫繪製的三保松原。
Photo by 今井健太郎建築設計事務所、石橋マサヒロ

來到錢湯，除了泡湯本身之外，我最喜歡的就是觀察空間設計。最能夠代表錢湯「存在感」的設計，想必就是錢湯壁畫吧。如銀座「金春湯」，以錢湯內精緻美麗的富士山壁磚畫而聞名。壁磚來自於鈴榮堂製作的九谷燒，並由知名的壁磚彩繪師中島盛夫操刀完成。一幅雪冠富士，另一幅夕陽富士，男女湯各自遙想一山兩味的富士美景。

銀座另一座「銀座湯」的壁磚彩繪也非常出名。大多數的錢湯都以富士山為題，但銀座湯的壁磚則鑲上了銀座四丁目和光百貨前的繁華夜景。男湯壁畫是銀座街景，女湯壁畫則遠眺了隅田川花火。獨一無二的錢湯壁磚，是讓我更鍾愛「銀座湯」的原因。

此外，戶越銀座溫泉的兩幅壁畫來頭都不小，在月之湯的壁畫，是傳統錢湯壁畫師中島盛夫所繪製的三保松原；陽之湯的壁畫，則是由新手團隊Gravityfree所繪製的七福神。

TOKYO'S
SENTOU NOTE

傳 統 錢 湯

曙 湯
Public bath   Akebono-Yu

庶民味 昭和風的巷弄浴場！

東京的錢湯雖然在數量上無法與昭和年代相提並論，
不過仍能在各個車站附近與住宅巷弄之中窺見其身影。
有些仍維持著昭和風味的老派傳統。
錢湯最令人感到魅惑之處，是總是夾在不起眼的小路裡，
身在繁華的東京，遇見庶民感強烈的大眾浴場，
總是讓人有著強大的反差與驚喜感。

① 金春湯．銀座湯……到銀座泡庶民錢湯

銀座有兩間歷史悠久的錢湯。先介紹位於銀座八丁目金春通上的、創業於一八六三年江戶時期的「金春湯」。銀座八丁目其實已經很靠近新橋站了，從新橋站徒步過去，也不遠。銀座巷弄雖然如棋盤式的整齊，但小巷繁多，且巷子裡的建築外觀相近，常常困擾不少想要尋覓店家的旅人。金春湯的入口低調難尋，較為清楚的前往方式，是先確定銀座知名的「博品館」，金春湯就在博品館身後的巷子裡。

位於銀座八丁目金春通上的「金春湯」。從新橋站徒步過去不遠。

我個人更喜歡的是銀座的另外一座錢湯「銀座湯」。平日維護得當，完全不會給人陳舊感。

《孤獨的美食家》作者久住昌之著作的一本錢湯巡禮散文集《白天的澡堂酒》也被改編成日劇，其中有一集便以金春湯為背景。因為銀座的特殊環境使然，會來到金春湯的客人，也跟一般的錢湯客人不太相同。據說在某些時段，經常出沒的客人常是在附近的夜總會、俱樂部、酒館或日本料亭工作的人。看著每一張臉，想像他們的背景，似乎都能成就一則則極短篇。不過比起金春湯，我個人更喜歡的是銀座的另外一座錢湯，名為「銀座湯」。位於銀座一丁目的銀座湯，歷史雖說比金春湯來得年輕，創業於一九七五年，但算一算也超過四十年了。

銀座湯與金春湯都因為歷經過幾次的重新裝潢，再加上平日的維護得當，所以完全不會給人陳舊感。乾淨、明亮且整齊，是踏入這兩間老錢湯最初的感受。特別提醒行李多的旅人，金春湯的置物櫃較大，放進大背包沒問題，但銀座湯的置物櫃小，若前往時，盡量身上別帶太多東西。

滾滾熱水，蒸騰著卸下衣物的泡湯客。不管你年收多少，哪一種工作階級；在銀座商圈上班也好，住在附近的高地價大樓也罷，或僅僅只是路過的旅人，錢湯都讓入浴的人們在這一刻舒放身心，坦誠相見中，眾生平等。

INFO

銀座．金春湯
ADD 東京都中央區銀座 8-7-5
TIME 14:00~22:00 週日、假日公休
WEB www002.upp.so-net.ne.jp/konparu/

銀座湯
ADD 東京都中央區銀座 1-12-2
TIME 15:00-23:00 週日、假日公休
WEB spa-tokyo.net/z-t-ginza/

INFO

日出湯

ADD　東京都中央區佃1-6-7
TIME　15:00-24:00
WEB　www.1010.or.jp/mag-tokyosento-hinodeyu/

② 日出湯

佃島佃小橋旁的大眾澡堂

在佃島住吉神社附近的佃小橋旁，有一幢看來有些年份的老公寓，上面矗立著一根醒目的大煙囪，可想而知樓下一定有間錢湯。繞過一樓的中餐館，轉角便看見這間名為「日出湯」的大眾澡堂。

「日出湯」空間雖小，也沒有華麗的壁磚繪畫，但和日常的泡湯客共處一池，也是跳脫一般觀光客行程的東京體驗。熱湯中，紓解身心。在氤氳的霧氣裡，身體的肌膚吸收著佃島風情，成為另一章有溫度的回憶。

「日出湯」位於佃島住吉神社附近的佃小橋旁。男女湯各分入口。

3 蛇骨湯・曙湯

下町淺草的懷舊錢湯

藏在狹小巷弄中的「蛇骨湯」可能是淺草地區最老的錢湯。詳細的年代已不可考，但確定是創業於江戶時代。蛇骨湯名字聽起來很恐怖？別擔心，其實跟蛇一點也沒有關係。往昔，這一帶的建築均以此「蛇骨長屋」的形式為主，故得此名。這間錢湯的天然溫泉成分是硅酸、碳酸氫鈉，茶褐色的黑湯，有保暖、保濕和增進健康之效用。當然最得我心的，還是這裡美麗的富士山磁磚壁畫，以及戶外小庭園的設計了。露天浴池旁有一小庭園，以傳統錢湯的構造來說，算是小小奢侈的風景。

「蛇骨湯」創業於江戶時代。茶褐色的黑湯，有保暖、保濕和增進健康之效用。

曙湯的和風建築外觀相當典雅，極具日本風情。內部經過重新整修以後，十分明亮乾淨。

在淺草寺後面徒步約十幾分鐘的小巷子裡，有另一間知名的錢湯，名為曙湯，也值得推薦給想要體驗一下日本人泡湯文化的旅人。曙湯創業於一九四九年，木造房的和風建築外觀相當典雅，極具日本風情。內部經過重新整修以後，十分明亮乾淨。最棒的前往時間是在傍晚。你可以先看到白天的外觀風貌，洗完澡以後出來，建築在夜間照明中，又能看見另外一種優雅。夜幕低垂的淺草曙湯，讓人感覺時間的速度彷彿都被蒸發。

INFO

蛇骨湯

ADD 東京都台東區淺草1-11-11
TIME 13：00-23:40
週二公休
WEB www.jakotsuyu.co.jp

曙湯

ADD 東京都淺草4-17-1
TIME 15:00-凌晨1:00
每月第一、第三星期五公休
WEB www.1010.or.jp/map/item/item-cnt-76

湯
Akebono-Yu

曙湯的和風建築外觀相當典雅，
到了夜晚又是不同風貌。

TOKYO'S
SENTOU NOTE

設計錢湯

嚴選！建築師今井健太郎浴場設計

因為這些變得潮流的錢湯，
顛覆了原本去錢湯的多是年長者之印象，吸引一批日本年輕人也成為錢湯迷。
每逢假日就會進行錢湯散策之旅的人，更不在少數。
在守護與傳承文化的心力下，錢湯的傳統特色並未流失，
滾滾的熱水，又注入了新時代的思維，氤氳出一抹新鮮的空氣。
在快速變化的繁華東京中，錢湯，遂成為一隅感受悠緩步調的日常風景。

1 光明泉

受到年輕族群歡迎的文青浴場

位於極受文青歡迎的中目黑車站附近，靠近目黑川畔的錢湯。逛完TRAVELER'S FACTORY文具店，以及新落成的「中目黑高架下」蔦屋書店後，若逢春天櫻花季，當然不能錯過去目黑川畔賞花。

在「光明泉」泡完湯之後，帶著暖呼呼的身子，不妨去車站附近的新型態拉麵店「AFURI」來碗美味的柚子雞汁拉麵，讓胃也跟著暖一暖吧！壁畫彩繪由Gravity Free擔綱。

Photo by 今井健太郎建築設計事務所、石橋マサヒロ

逛完TRAVELER'S FACTORY文具店，以及新落成的蔦屋書店後，來「光明泉」泡個湯。

「設計錢湯」之路

最近幾年，東京錢湯興起一波「設計錢湯」的風潮。原本稱不上有美感，甚至昏暗簡陋的老錢湯，聘請極富創意的建築團隊，把錢湯從裡到外重新裝修，搖身一變，成為盈滿設計概念的新式錢湯。建築師今井健太郎可說是這一波潮流的先驅。二〇〇一年，他所操刀完成的「大平湯」被譽為東京設計錢湯的起始。其實在那之前，今井健太郎並未有設計錢湯的經驗，但在業主的支持下，抱著「打造一座有趣的錢湯」為題，意外開啟了「設計錢湯」之路。

INFO

光明泉

ADD 東京都目黑區上目黑1-6-1

TIME 15:00-24:30

WEB kohmeisen.com

光明泉的壁畫彩繪有著插畫般的趣味。Photo by 今井健太郎建築設計事務所、石橋マサヒロ

文化浴泉
INFO
ADD 東京都目黑區東山3-6-8
TIME 15:30-1:00(週日上午8:00-12:00同時營業)
WEB bunkayokusen.grupo.jp

2 文化浴泉

澀谷最潮的錢湯

創業於一九二八年，已近九十年歷史的「文化浴泉」在二〇一一年翻新，成為緊鄰繁華澀谷的池尻大橋站旁最潮的錢湯。有按摩浴池、三溫暖等各種設施，每逢周日，其中一個池水還會變成含有中藥健康成分的「生藥之湯」。錢湯附近可一訪曾獲Good Design大獎，常被引用作為都市綠化典範的「目黑天空庭園」。另外從池尻大橋車站走到錢湯的路上，頗受文青青睞的手工精品咖啡店「GOOD PEOPLE & GOOD COFFEE」也別遺漏囉！壁畫彩繪由知名的中島盛夫擔綱。

澀谷最潮的錢湯「文化浴泉」。

INFO

千駄木福之湯（千駄木ふくの湯）
ADD　東京都文京區千駄木 5-41-5
TIME　11:00-24:00（週六、週日及假日 8:00-24:00）
WEB　www.sentou-bunkyo.com/pg65.html

3 千駄木福之湯 ……

頂級日式旅館氛圍的錢湯

一九七二年創業的老錢湯千駄木福之湯（千駄木ふくの湯），在二〇一一年重新整修開幕。室內除了一般浴池外，還有可供一人使用的陶器「壺湯」。木造建築在夜晚的打光照明中，散發出有如日式旅館的絕好氣氛。位於適合慢步調散策的谷根千地區，泡湯的沿途可到根津神社逛逛，行有餘力，再走遠一點，則可參觀以賞花勝地聞名的日本庭園六義園。壁畫彩繪由丸山清人和中島盛夫擔綱。

除了一般浴池外，還有可供一人使用的「壺湯」。

 Photo by 今井健太郎建築設計事務所、石橋マサヒロ

大平湯

INFO

ADD 東京都足立區青井6-21-3
TIME 平日14:30-24:00、週日8:00-12:00 ／ 15:00-24:00
週一公休
WEB www.adachi1010.tokyo/member/taiheiyu/

4 大平湯
東京設計錢湯的先鋒

二〇〇一年在大平湯業主的邀約支持下，以「打造一座有趣的錢湯」為概念，今井健太郎為大平湯重新改裝，此處遂被譽為東京設計錢湯的先鋒。入口處看板寫著「夢錢湯．大平湯」彷彿道出錢湯愛好者，遁入大眾澡堂就有如潛入美好夢境般的心聲。社區型錢湯白天多以年長者客人居多，不過到了晚上，來店的年齡層下降，多半是北千住周圍的大學生，因為這一帶房屋租金便宜，所以多半居住在此，習慣在一日尾聲之際前來泡澡。錢湯老闆熱愛社區互動，每逢新年都會舉辦新年慶祝會，讓大平湯走出除了澡堂之外，真正達到交流互動的人間意義。

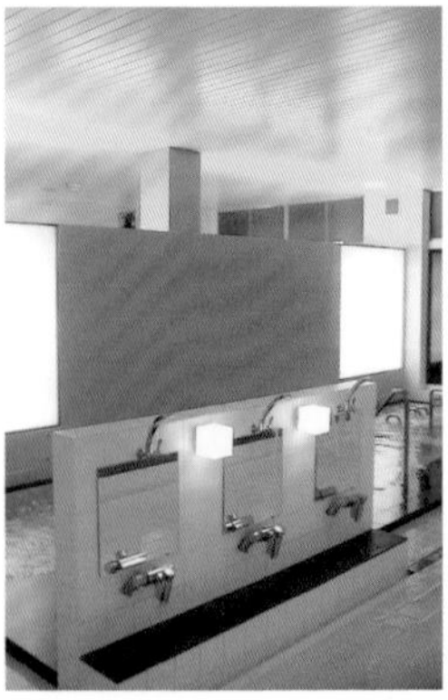

大平湯以「打造一座有趣的錢湯」為概念。

5 戶越銀座溫泉……純白建築極簡風格

戶越銀座溫泉創業於一九六〇年，在二〇〇七年時改裝，聘請了知名的錢湯建築設計師今井健太郎操刀，將這座老錢湯搖身一變，呈現出現代感的極簡潮流，但卻又不失傳統風貌的融合空間，頓時成為年輕人也熱愛的設計錢湯之一。

錢湯分成「月之湯」和「陽之湯」男女兩湯。依照不同的時間會交換男女湯，兩邊的空間各異，都極具特色。由於在不同的日期來到此地，即可以體驗到兩種設施，所以不少遊客是因為想泡到所有的浴池，才連續兩天都到訪戶越銀座溫泉呢。可見其魅力有多大。

戶越銀座溫泉散發的魅力，除了改裝後的嶄新空間以外，最重要的是這裡擁有東京都內非常稀有的天然溫泉，黑湯溫泉。首先要知道，錢湯的水質是溫泉已屬難得（大部分的錢湯只是一般的熱水池），再者是東京都內很少有天然湧泉，況且還是日本少見的黑湯溫泉。透明略帶墨黑色澤的水質，號稱是美人湯。果然浸泡完以後，特別感受到皮膚變得清爽光滑。想要來一次全身保養的你，當然不可錯過囉！

INFO

戶越銀座溫泉

ADD 東京都品川區戶越2-1-6
TIME 15:00-01:00
（週日、假日8:00-12:00同時營業）
週五公休
WEB togoshiginzaonsen.com

戶越銀座溫泉在二〇〇七年改裝，這座老錢湯搖身一變，呈現極簡風格。

TOKYO'S

SENTOU NOTE

Bye!

東京小路亂撞：走進東京的骨子裡，撞出東京散步人的日常風景
張維中著 . -- 一版 . -- 臺北市：原點出版：大雁文化發行，
2018.09　272 面；17x23 公分
ISBN 978-957-9072-27-4（平裝）

1. 自助旅行 2. 日本東京都　731.72609　107014480

東京小路亂撞

走進東京的骨子裡，
撞出東京生活散步人的日常風景

作者　張維中
美術設計　mollychang.cagw.
協力編輯　小調編輯．蔡曉玲
責任編輯　詹雅蘭
行銷企劃　郭其彬、王綬晨、邱紹溢、陳雅雯
張瓊瑜、余一霞、汪佳穎、王瑀
總編輯　葛雅茜
發行人　蘇拾平
出版　原點出版 Uni-Books
Email uni-books@andbooks.com.tw
電話　(02) 2718-2001
傳真　(02) 2718-1258
發行　大雁文化事業股份有限公司
台北市松山區復興北路333號11樓之4
www.andbooks.com.tw
24小時傳真服務　(02) 2718-1258
讀者服務信箱 Email　andbooks@andbooks.com.tw
劃撥帳號　19983379
戶名　大雁文化事業股份有限公司
一版4刷　2022年10月
ISBN　978-957-9072-27-4
定價　420元